21세기의 혁명

21세기의 혁명

크리스 하먼 지음 | 한성근 옮김

책갈피

21세기의 혁명

지은이 크리스 하먼
옮긴이 한성근
펴낸곳 도서출판 책갈피
등록 1992년 2월 14일(제2014-000019호)
주소 서울시 성동구 무학봉 15길 12 2층(133-020)
전화 02)2265-6354
팩스 02)2265-6395
이메일 bookmarx@naver.com
홈페이지 http://chaekgalpi.com/

첫 번째 찍은 날 2011년 1월 3일
두 번째 찍은 날 2014년 5월 28일
세 번째 찍은 날 2019년 6월 10일

값 8,000원
ISBN 978-89-7966-080-7 03300
잘못된 책은 바꿔 드립니다.

차례

머리말 _ 9

01 혁명의 현실성 _ 17

　　혁명과 자본주의의 성장 _ 19
　　동요하는 체제 _ 22
　　자본주의, 전쟁, 사회 격변 _ 24
　　분쟁과 기후변화 _ 26
　　무관심과 불만 _ 29

02 혁명은 어떻게 일어나는가? _ 33

　　혁명적 상황 _ 35
　　항쟁, 국가, 혁명 _ 37

03 의회주의와 혁명 _ 43

　　권력은 어디에 있는가 _ 45
　　영국의 사례 _ 46
　　쓰라린 교훈 _ 51

04 혁명적 민주주의 _ 55

이원 권력 _ 57
어떤 계급의 독재인가? _ 61

05 계급과 혁명 _ 65

오늘날 계급의 현실 _ 66
구조조정과 계급의 연속성 _ 68
21세기의 노동계급 _ 71
불안정과 투쟁 _ 75
세계화와 노동자 _ 80

06 계급과 계급의식 _ 85

모순된 의식 _ 86
개혁주의 _ 89
노동조합 관료 _ 90
개혁주의의 모순된 구실 _ 98

07 혁명가의 구실 _ 101

08 당 건설 _ 107

당과 노동자 평의회 _ 110
전략과 전술, 새로운 형태의 당 _ 113
공동전선 _ 116

09 자본주의와 폭력 _ 121

10 20세기의 혁명들 _ 127

　　혁명은 어떻게 질식사했는가 _ 130
　　좌초된 당 _ 135
　　국가자본주의 _ 138
　　20세기의 나머지 혁명들 _ 140

11 인간 본성과 자본주의의 대안 _ 143

　　다양한 인간 본성 _ 147

12 인간의 필요를 위한 계획 _ 153

　　복잡성과 계획 _ 154
　　자본주의 '발전' 대 국제주의 _ 158

결론 : 역사의 문을 두드리기 _ 163

일러두기

1. 이 책은 Chris Harman, *Revolution in the 21st Century*(Bookmarks, London, 2007)를 번역한 것이다.
2. 인명과 지명 등의 외래어는 최대한 외래어 표기법에 맞춰 표기했다.
3. ≪ ≫ 부호는 책과 잡지를 나타내고, 〈 〉 부호는 신문과 주간지를 나타낸다. 논문은 " "로 나타냈다.
4. 본문에서 [ ]는 옮긴이가 독자의 이해를 돕고 문맥을 매끄럽게 하려고 덧붙인 것이다.
5. 본문의 각주는 지은이가 설명을 첨가하거나 인용문의 출처를 밝힌 것이다.

머리말

1989~1991년 베를린 장벽이 붕괴하고 소련과 동유럽의 쇠퇴해 가던 독재 정권이 무너지면서, 자본주의를 더 나은 것으로 대체하려는 투쟁은 멈춘 것처럼 보였다. 그러나 21세기 초에 들어서자 세계 곳곳에서 새로운 저항의 물결이 나타나기 시작했다.

그 서막은 새로운 세기를 맞이하기 직전인 1999년 11월의 시애틀 WTO 회담 반대 투쟁이었다. '다른 세계는 가능하다'는 슬로건이 전 세계에 울려 퍼졌고 프라하, 멜버른, 다카르, 예테보리, 제노바에서는 훨씬 더 크고 전투적인 투쟁들이 벌어졌다. 그 뒤 저항운동은 일찍이 보지 못했던 최대 규모의 반전 운동으로 결집했다(2003년 2월 15일 세계 주요 도시에서 수많은 사람들이 전쟁에 반대해 거리로 쏟아져 나왔다). 동시에 라틴아메리카에서는 대중 반란으로 아르헨티나와 에콰도르 정부가 무너졌다.

저항은 도처에서 민중 속에 뿌리를 내리고 폭넓게 성장했다. 2005년 프랑스와 네덜란드에서는 유권자들이 시장 규제 완화를 목적으로 한 유럽헌법을 거부하자 기성 정치가 혼란에 빠졌다. 그해 말 프랑스에서는 수많은 이민자들의 분노가 폭발했다. 2006년에는 프랑스 학생들이 청년 노동권을 훼손하려는 시도에 맞서 수많은 노동자들을 이끌고 투쟁해서 승리했고, 베네수엘라에서는 우고 차베스 대통령이 '21세기 사회주의'를 건설하겠다고 선언했으며, 네팔에서는 봉기가 일어나 군주제가 무너졌다. 멕시코 오악사카에서는 교사들의 파업이 봉기로 발전해 경찰과 군대를 도시 밖으로 밀어냈고, 칠레와 그리스에서는 학생들이 프랑스의 사례를 재현했다. 독자들이 이 책을 읽을 때쯤에는 새로운 형태의 저항이 분출해 새로운 방식으로 기성 질서를 뒤흔들고 있을 것이다. 또 기존 체제 밖에서 정치적 해결책을 찾으려는 사람들이 늘어날 것이다.

1990년대 초에 '새로운 세계 질서'와 '역사의 종말' 이야기가 유행했다. 자본주의는 인류에게 남은 유일한 선택이며 '신경제 패러다임'이 경제 위기를 종식시켰으니 염려할 이유가 없다는 것이었다.

그러나 이러한 환상은 정말 순식간에 산산조각 났다. 대다수 사람들, 심지어 부유한 나라의 사람들조차 점점 더 견디기 힘들고 더 불안정한 삶을 살게 됐다. 미국에서는 21세기 초에 경제 위기로 수많은 일자리가 없어졌는데, 경기가 회복됐어도 일자리가 되살아나지는 않았다. 일본은 12년 동안 불황으로 고통을 겪었으며, 유럽 대륙의 경제는 10퍼센트에 이르는 실업률을 해결할 수 없음이 드러났다. 역사상 가장 부유한 나라인 미국에서는 국민의 90퍼센트가 지난 30년간 생활수준이 전혀 나아지지 않았다고 생각하며, 절반 정도의 국민은 더 가난해졌다고 생각한다. 미국의 보통 남성 노동자가 한 해에 160시간(한 달치 노동시간에 맞먹는 수준)을 더 일했는데도 말이다. 여성 노동자의 경우는 더 심각한데, 한 해 평균 200시간이나 더 일한다. 독일에서는 실업자 500만 명의 실업급여가 깎여 나갔다. 프랑스에서는 젊은이들이 다섯 명당 한 명꼴로 실업 상태인데, 나머지도 불안정한 '맥잡 Mcjobs'[맥도널드 같은 패스트푸드점의 저임금 일자리]보다 나은 일자리를 얻을 수 있는 것도 아니다. 영국은 유럽에서 노동시간이 가장 길고 런던 변두리에 사는 아이들의 절반 이상이 가난 속에서 자란다.

세계 나머지 지역의 생활은 비교조차 힘들 정도로 악화돼 있다. 사하라 이남 아프리카에서는 평균 생활수준이 지난 30년 동안 꾸준히 하락했다. 매일같이 수억 명이 하루 권장 열량인 2000칼로리를 섭취하려고 몸부림치고 있다. 주기적으로 기근이 닥치고, 날마다 수만 명의 아이들이 말라리아, 결핵, 이질, 설사병 같은 오래전부터 치료가 가능한 질병과 영양실조로 죽어간다. 라틴아메리카에서도 빈곤은 페루, 볼리비아, 에콰도르, 과테말라, 니카라과에서 가난을 대물림해 온 수많은 빈민들의 운명일 뿐 아니라 경제적으로 더 발전한 아르헨티나, 브라질, 멕시코에 사는 수많은 사람들의 운명이기도 하다.

자본주의 체제 옹호론자들은 중국과 인도의 성장을 떠들어 대지만 인구의 10~20퍼센트를 차지하는 중간계급이 번영을 누리는 동안 지방에 사는 수억 명이 절망적 빈곤을 겪고 있다는 사실을 언급하지 않는다. 중국에서는 해마다 1억 5000만 명이 도시로 이주해 임시 노동자 신세로 거리를 배회하며, 인도에서는 '번영을 누리는' 주州들에서 빚에 허덕이는 농민들의 자살이 전염병처럼 번지고 있다.

세계의 수많은 사람들에게는 빈곤만이 유일한 악몽이 아니다. 많은 사람들이 야만적인 현대 전쟁으로 고통받는다. 새로운 세계 질서가 선언된 이후, 미국이 주도해 세계 곳곳의 도시들에서 파괴와 살육을 저지르면서 전쟁이 잇따르고 있다. 이러한 전쟁에는 무기 판매 경쟁에서 승승장구하는 기업들이 공급한 최첨단 재래식 무기가 사용된다. 희생자의 압도 다수는 민간인이다. 그들은 3만 피트 상공에서 투하된 폭탄으로 산산조각나고, 1분에 수천 발씩 쏘아 대는 총에 맞고, 로켓탄과 탱크 포격으로 무너진 집 안에 매몰된다.

서방의 도시에서 누군가가 민간인에게 폭탄을 던지면, 악마 같은 테러리스트나 문명 파괴자라고 비난받을 것이다. 그러나 세계의 다른 곳에서는 이보다 천 배나 끔찍한 참상들이 벌어진다. 서방 지도자들은 대량 살상 무기가 위험하다고 경고하면서도 정작 자신들은 핵탄두를 비축하고 미사일 시스템을 구축할 권리가 있다고 주장한다. 외국의 침략과 파괴에 반발해 종교에 바탕을 둔 정치로 전향한 이슬람권 출신 사람들은 비난받지만, 미국 대통령은 아프가니스탄과 이라크를 상대로 전쟁을 벌이면서도 신의 뜻을 따른다고 주장할 수 있다.

21세기에는 오랫동안 인간을 괴롭혀 온 전쟁과 빈곤 문제에다가 기후변화 문제가 새로이 추가됐다. 기후 변화를 저지하지 않는다면, 탄소 연료에서 나오는 온실가스 때문에 기온이 상승해 극지방의 빙원이 녹고, 바닷물의 흐름과 날씨의 패턴이 바뀌고, 비옥한 토양이 사막이 되고, 악천후로 작물이 파괴되고, 플로리다주, 나일 삼각주, 방글라데시 같은 광대한 저지대가 침수될 것이다. 뉴올리언스 시를 거의 초토화한 허리케인 카트리나는 기후변화의 결과를 미리 보여 줬다. 대부분의 정부는 기후변화 대응 조처가 필요하다는 것은 인정하지만, 정작 자본가들에게 손해를 끼칠 온실가스 배출량 감축 조처는 회피한다.

자본주의 체제에서 벌어지는 이 모든 재앙의 근원은 단 하나다. 날마다 20억 명이 넘는 사람들의 노동으로 과거 어느 때보다 많은 부가 생산된다. 이것은 모든 사람이 식량을 얻고 빈곤에서 벗어나기에 충분한 부다. 그런데도 지구 한편에서는 사람들이 굶주리는 반면, 다른 한편에서는 농민들이 토지를 경작하지 않는 대가로 돈을 받는다. 이윤을 추구하며 서로 경쟁하는 기업들에 바탕을 둔 체제의 생산방식이 그 근원이다.

가장 큰 기업들의 꼭대기에는 엄청나게 부유한 개인들로 이뤄진 특별한 집단이 있다. 전 세계에 약 350명의 억만장자가 있다. 그중 상위 200명의 자산이 1조 달러가 넘는다. 세계 최고 부자 세 명의 부가 가난한 48개 나라의 부를 합한 것과 맞먹는다. 그러한 개인들은 다국적기업의 지배 주주이며, 그 기업들 중 (1500여 명이 경영에 참가하는) 200여 사의 총 매출이 세계 총 생산량의 4분의 1을 넘는다. 이러한 다국적기업 200개 중 168개는 미국, 일본, 독일, 영국, 프랑스 다섯 나라에 본사가 있다. 대략 40명이 경영하는 최상위 기업 다섯 개의 생산량은 중동과 아프리카를 합한 것보다 많고 남아시아의 갑절이다.

이 소수가 무엇을 어디서 생산할지, 누가 일자리를 얻고 누가 빈곤으로 추락할지를 결정한다. 이들은 경제력을 무기 삼아 자신들이 활동하는 나라에서 막강한 정치권력을 휘두르고, 자신들의 욕망을 채우려고 국가를 압박해 IMF, 세계은행, WTO 같은 기구를 이용하거나 직접적인 군사적 수단을 동원한다. 이러한 제국주의를 낳은 것이 바로 자본주의이고, 한 줌도 안 되는 몇몇 나라(미국을 필두로 한)의 지배계급은 자신들의 목적을 위해서라면 어떤 야만이라도 저지를 태세가 돼 있다.

빈곤, 억압, 전쟁, 환경 파괴가 벌어지는 곳이라면 이에 저항하는 수많은 사람들도 존재하기 마련이다. 19세기와 20세기에는 사회주의와 공산주의 사상을 낳은 저항운동들이 잇따랐고, 21세기에 들어서도 이미 새로운 운동들이 등장했다. 수많은 사람들이 현 체제의 대안을 모색하며 질문을 던진다. 자기 이익만을 추구하는 억만장자, 기업, 국가의 권력을 어떻게 해야 하는가? 그 권력을 제거하는 것은 가능한가? 다른 토대 위에서 사회를 재건할 수 있는가? 다른 세계를 향한 꿈이 소련 스탈린 체제의 악몽이나 정신 나간 시장의 변종으로 변질되는 것을 어떻게 피할 수 있는가?

이 책은 산업자본주의가 세계를 지배하게 된 지난 200년 동안의 여러 순간에 지배자들이 어떻게 타도됐는지 살펴보고, 당시 민중이 선택한 대안들과 오늘날 혁명의 가능성을 검토해 앞서 말한 몇 가지 질문에 답하려 한다.

01
혁명의 현실성

시장 자본주의의 작동을 방해하는 정부를 전복하는 경우를 제외하면 혁명은 바람직하지도 실현 가능하지도 않다고들 한다. 그러나 21세기 들어서도 이미 혁명에 가까운 격변들이 잇따랐다. 2000년 1월에는 에콰도르에서 항쟁이 일어나 대통령이 외국으로 도망쳤고, 2001년 12월에는 아르헨티나에서 항쟁이 일어나 대통령을 몰아냈고, 2002년 4월에는 베네수엘라에서 우익 쿠데타로 밀려난 우고 차베스가 자생적 반란 덕분에 권력을 되찾았고, 2003년 10월에는 볼리비아에서 항쟁이 일어나 대통령을 몰아냈고, 2005년에는 에콰도르와 볼리비아에서 반란이 일어나 대통령들을 몰아냈고, 2006년 봄에는 네팔에서 대중운동이 일어나 정부를 전복했다.

사실, 혁명은 현대 자본주의의 뚜렷한 특징이고, 따라서 20세기를 혁명의 세기라고 부를 수도 있다. 유럽만 보더라도, 1908년에는 오늘날의 터키, 1905년과 1917년에는 러시아에서 혁명이 일어났고, 1916~1921년에는 아일랜드에서 반란이 일어났고, 1918~1919년에는 독일과 오스트리아에서 각각 자국의 황제를 타도한 혁명이 일어났고, 1931년과 1936년에는 스페인에서 혁명이 일어났다. 1944년에는 파리와 이탈리아 북부 도시들과 그리스 아테네에서 항쟁이 벌어져 나치의 점령에서 해방됐다. 1953년 동독의 봉기, 1956년 헝가리 혁명, 1968년 프랑스 5월, 1974~1975년 포르투갈 혁명, 1980~1981년 폴란드의 솔리다르노시치 [연대노조운동], 1989~1990년 동유럽 혁명도 빼놓을 수 없다. 사실상, 유럽 국가들 중 영국만이 비교적 최근에 혁명적 변화를 겪지 않았다. 유엔에 가입한 비서방 국가들도 대부분 혁명적 운동으로 식민 지배를 끝장내지 못했다면, 유엔에서 의석을 얻지도 못했을 것이다.

혁명의 확산은 사실, 놀라운 일이 아니다. 현대 세계를 좌우하는 것은 전례 없이 빠르게 변하는 경제체제다. 그 변화의 동력은 이윤 축적을 향한 맹목적 경쟁이다. 이러한 축적을 위해 자본주의는 농업과 공업을 지속적으로 재편하고 사람들의 생활 조건을 변화시킨다. 이 과정에서 생활 방식도 끊임없이 바뀐다.

20세기 초만 하더라도 세계 인구의 85퍼센트는 시골에 거주

하며 땅을 일궜고 조상들과 비슷한 방식으로 살았다. 2000년에 이르면 세계 인구의 절반이 크고 작은 도시에 모여 살게 됐고, 2030년 즈음이면 세계의 도시 인구는 60퍼센트까지 상승할 것으로 보인다. 석기시대의 농업 발전 이래 사람들의 삶에 가장 큰 변화가 일어나고 있다.

혁명과 자본주의의 성장

250년 전 북서 유럽의 일부 지역에서 산업자본주의가 성장하기 이전의 사회에서는 노동 방식과 생활 방식이 느리게 변했다. 세계의 대부분 지역을 지배하던 농촌 지배계급들은 땅을 경작하는 사람들이 얻은 생산물의 절반 또는 3분의 1 정도를 세금과 지대로 거둬들여 부를 축적했다. 이 계급들은 여러 종교 사상을 이용해 피지배자들의 삶을 엄격하게 속박하려 했다. 그래서 보수적인 성직자들을 부추겨 삶은 결코 변하지 않는다고 설교하게끔 했다. "부자는 성에서 살고, 가난한 사람은 성문을 지키네. 하느님은 높은 사람과 낮은 사람을 만드시고는 분수에 맞게 살라고 하셨네." 어느 찬송가 가사다.

  자본주의가 성장하면서 오래된 사고방식과 행동 양식이 흔들렸다. 토지 소유가 아니라 임금노동자를 착취해서 얻는 이윤으로 부를 축적하는 새로운 계급이 출현했다. 매뉴팩처업자, 은행가, 농업 자본가 등의 이 계급은 옛 토지 계급과는 세계관이나 이해관계가 달랐다. 이 계급은 점차 부유해지자 자신들이 생각하는 대로 사회를 운영하고자 했다.

그 뒤 수백 년 동안 사회는 완전히 바뀌었다. 자본가들은 경제·이데올로기·정치 측면에서 옛 토지 계급에 도전했다. 이 과정에서 모든 사람들의 생활 방식뿐 아니라 그 생활 방식을 좌우하는 제도마저 변했다. 미국 독립 전쟁과 1790년대의 프랑스 대혁명에서 1905년과 1917년 2월 러시아 혁명에 이르기까지 18세기, 19세기, 20세기 초에 혁명들이 일어난 진정한 이유는 바로 이 때문이었다.

새로운 지배자들도 사회는 고정불변이라는 생각을 사람들의 머릿속에 주입하는 보수적 이데올로기를 수용해서 자신들의 승리를 신성화했다. 경제학자, 저술가, 저널리스트, 학자 등 새롭게 등장한 지식인들을 부추겨 자본주의적 가치는 변함없는 인간 본성의 일부라고 선언하게끔 했다. 그와 동시에 지주, 영주, 귀족, 부족장, 고위 성직자 등 옛 지배계급의 잔존 세력들과도 화해했다. 이들은 옛 착취 체제를 찬양했던 것과 꼭 마찬가지로 자본주의를 열렬히 옹호하는 대가로 넉넉한 보상을 받았다.

그래서 오늘날에도 우리는 사회가 바뀔 수 없다는 소리를 도처에서 듣는다. 종교 지도자, 포르노 제작자, 기독교 근본주의자, 사회생물학자, 황색 언론의 저널리스트, 대학 총장, 경제학자, 신노동당 정치인 들이 그렇게 떠들어 댄다. 지식인들에게 보내는 메시지의 골자는 "오로지 타협만이 출세 길을 보장한다"는 것이다. 바꿔 말해, 사회가 유지되도록 노동하는 다수의 정신에 족쇄를 채우는 일을 거들라는 것이다.

  이것은 나름대로 효과가 있다. 새로운 세대들은 자본주의에 의해 형성된 사회에서 자란다. 이들은 다른 사회를 알지 못하며 자신들의 현재 생활 방식을 당연한 것으로 여긴다. 그래서 40년 동안 1주일에 5~6일, 1년에 48주씩 노동하는 것을 자발적으로 받아들이거나 제3세계 빈민가에서 하루 1달러도 안 되는 돈으로 연명한다. 자본주의에서 행복하다고 느끼는 사람들은 드물다. 출근 버스에서 또는 교통 체증에 시달리는 사람들한테서 웃는 얼굴을 찾기는 힘들다. 그럼에도 대다수는 어느 정도까지 이 체제의 현실을 참고 견딘다. 그런 상황에서는 출세주의, 경쟁심과 함께 인종, 종교, 젠더, 성적 취향의 차이를 사회병리로 여기는 자본주의의 통념이 사람들의 생각을 지배하게 된다. 이런 식으로 보수적 분위기는 사회 상류층만이 아니라 하층민 다수에게도 강력한 영향을 미칠 수 있게 된다.

동요하는 체제

이러한 인내의 시기는 결코 무한정 지속되지 않는다. 급격한 경제 변화로 번번이 사회가 혼란에 빠지고, 이에 따라 생각도 바뀐다. 자본주의 체제의 기초는, 19세기 중반에는 소규모 기업, 20세기 중반에는 거대 독점체와 국영 기업, 오늘날에는 다국적기업처럼 생산수단을 소유한 기업들 사이의 경쟁이다. 경쟁 때문에 모든 기업의 생산방식이 지속적으로 혁신된다. 낡은 작업장이 폐쇄되고 새로운 작업장이 열린다. 특정 산업을 중심으로 성장했던 크고 작은 도시들이 쇠퇴한다. 그곳에 살던 사람들은 전에 당연하게 여겼던 것이 모두 사라졌음을 깨닫게 된다. 사람들은 새로운 기술을 습득하고, 새로운 환경에 적응하고, 새로운 곳으로 이주해서, 삶의 리듬 자체를 변화시켜야 하지만 그런 변화조차 머지않아 쓸모없게 될지 아닐지 알지 못한다.

산업자본주의가 여전히 맹아기에 있을 때 쓰인 ≪공산당 선언≫에서 칼 마르크스와 프리드리히 엥겔스는 다음과 같이 말했다.

생산의 끊임없는 혁신, 모든 사회 조건의 지속적인 교란, 항구적인 불확실성과 동요가 부르주아 시대와 이전 시대의 차이다. 확고부동한 관계들, 이와 더불어 고색창연한 편견과 견해들은 모두 일소

된다. 그리고 새로 형성된 관계나 견해들도 굳어지기 전에 낡은 것이 된다. 견고한 것은 모두 녹아 공기 속으로 사라진다.

위의 인용문은 세계화로 알려진 자본주의의 현 단계에 무엇보다 잘 어울린다. 자유시장과 신자유주의는 모든 장애(과거에는 유의미했던 사회제도나 관습을 포함해서)가 사라진 자본주의를 의미한다. 사람들이 특정한 노동 방식이나 생활 방식에 익숙해지자마자 이 체제는 이 방식들을 혼란에 빠트린다. 사람들은 당연히 전과 비슷한 방식으로 삶이 지속되기를 바라지만 세계화된 자본주의는 이런 기대를 저버릴 수밖에 없다. 경기 둔화와 침체가 닥칠 때마다 수많은 사람들이 폐품 취급을 당한다. 미래를 냉철하게 전망하면, 서로 경쟁하는 자본 단위들이 엄청나게 커지면서 이런 격변도 늘어날 것이라는 사실을 인정할 수밖에 없다.

50년 전만 하더라도 자본주의 옹호론자들은 국가 개입으로 경제 위기를 방지하고 완전고용, 생활수준 상승, 복지 확대를 보장하는 방법을 찾았다며 으스댔다. 경제학자 존 메이너드 케인스가 선진 자본주의 국가에서 그렇게 할 수 있음을 보여 줬고, 그러한 성과를 전 세계로 확산하는 것은 시간문제라는 것이었다. 영국 노동당의 정치인들, 유럽 대륙의 사회민주주의 정당들과 미국의 민주당은 혁명이 한물갔다고 주장했다. 그들이 실시한 개혁으로 여가 시간이 늘고 지속적으로 성장하는 세계가 열릴 것이라는 이유에서였다.

오늘날 그들은 말을 바꿨다. 케인스의 주장은 유통기한이 지났고 국가 개입으로는 문제를 해결할 수 없다는 것이다. 이제 정부들은 경기변동의 주기를 조절할 수 있다던 과거의 주장을 포기한 채, 자본주의 체제의 부침을 뒤따라갈 뿐이다. 이들은 안정된 미래를 약속하기는커녕, 체제의 미래가 기존 노동 방식의 창조적 파괴에 달려 있다고 말한다. 시장의 범위를 확대하는 개혁 이외의 대안은 없다고 한다. 가장 단조로운 일자리조차 더는 안정적이지 않다. 그들은 현대 세계에서 평생 직장은 없다고 말한다. 노동시간 단축과 품위있는 노후 은퇴 요구 등은 포기하라는 것이다.

자본주의, 전쟁, 사회 격변

20세기 전반기는 전쟁으로 점철돼서 대규모 충돌이 끊이지 않았다. 그 시기는 남아프리카에서 영국이 벌인 전쟁, 극동 아시아에서 벌어진 러일 전쟁으로 시작돼서, 미국·북한·중국이 싸운 한국전쟁으로 끝났다. 그 사이에 일어난 두 차례 세계대전은 홀러코스트와 히로시마·나가사키 원폭 투하에서 절정에 달했다.

20세기 후반기에는 상황이 나아진 것처럼 보였다. 미소 양대 열강은 상호 절멸의 두려움 때문에 서로 맞붙거나 상대방의 주요 동맹국들과 전쟁을 벌이기를 꺼렸다. 그렇다고 해서 전보다 덜 야만적이었던 것은 아니다. 미국은 베트남전쟁에서 수많은 사람들을 학살했고, 라틴아메리카에서는 암살단과 고문 기술자들을 지원했다. 소련은 헝가리 혁명을 짓밟았고, 미국이 베트남에서 저지른 짓을 아프가니스탄에서 반복했다.

21세기가 가까워지자 오랜 악몽이 새롭게 되살아났다. 상대적으로 작은 나라들인 이란-이라크, 에티오피아-에리트레아, 아르메니아-아제르바이잔, 세르비아-크로아티아, 콩고 동부 국경 지대의 전쟁에서 사용된 무기들은 엄청나게 많은 사람들을 죽일 만큼 가공할 수준이었다. 유일 초강대국인 미국은 틈만 나면 자신의 월등한 군사력을 전 세계에 과시했다. 1990~1991년 이라크, 1998년 세르비아, 2003년 다시 이라크를 상대로 벌인 전쟁에서 그랬다. 다른 열강들, 특히 영국은 미국의 뒤꽁무니를 쫓았고, 프랑스는 2006년에 과거 제국의 일부였던 코트디부아르에 군대를 파병해 내전을 더 악화시켰다.

이 새로운 제국주의는 일시적 현상이 아니다. 착취할 권리는 군사력과 결합돼 있다. 세계의 가장 황폐해진 지역들에서, 부를 증대하려는 자들은 군사력을 사용하는 기업인으로 활동하면서, 착취할 권리를 무력으로 취득한다. 무기를 축적하면 자본 축적에 도움이 된다는 것을 알기 때문이다. 자본주의 체제의 정점에 있는 미국 정부 내의 네오콘은 세계 최강의 군사 기구를 이용해

'새로운 미국의 세기New American Century'를 강제하는 데 착수했다. 영국, 프랑스, 중국, 이스라엘, 인도, 파키스탄 등 서열이 중간쯤 되거나 지역에서 패권을 휘두르는 국가들은 군비 확충(특히 핵무장)을 자신들의 발언권을 강화하는 핵심 수단으로 여긴다. 나머지 국가들은 국제 서열의 순위 상승을 위해 이들의 뒤를 따르려 한다.

자본주의가 대체되지 않는다면, 전쟁은 다시 일어날 수 있고 핵무기도 확산될 것이다. 그러나 전쟁이 몰고 오는 것은 고통만이 아니다. 전쟁은 사회를 뿌리부터 뒤흔들어 과거의 관성에 매여 있는 사람들을 혼란에 빠트린다. 이 때문에 사람들이 매우 반동적인 사상과 끔찍한 행동으로 이끌릴 수도 있지만 체제에 의심을 품게 돼서, 체제를 찬양하는 장군, 정치인, 재계 거물들과 대결할 수도 있다. 20세기에 벌어진 전쟁으로 겉보기에 난공불락이었던 체제가 무너지고 차르나 대통령, 황제가 몰락했다. 이는 21세기에도 얼마든지 가능한 일이다.

분쟁과 기후변화

"가능한 최선의 체제"는 우리의 생존이 달린 자연을 파괴한다. 자본주의가 작동하려면 항상 값싼 원자재를 확보해야 하고 엄청난 폐기물을 쏟아내야 한다. 이 때문에, 북미와 유럽의 산업자본주의 초기에 벌어진 일들을 오늘날에도 폐광이나 철광석 생산지에서 볼 수 있다. 즉, 광물 찌꺼기 더미, 중금속이나 화학물질로 오염된 토양, 고여서 썩은 웅덩이, 땅속 깊이 파헤쳐 황폐해진 흔적 따위 말이다. 세계화된 체제라 파괴 역시 세계화하고 있는 것이다.

그러나 자연 파괴가 인간 삶의 물리적 조건에만 영향을 미치는 것은 아니다. 사회적으로도 영향을 미친다. 사람들은 모종의 자구책을 강구하지 않은 채 생계수단이 사라져 가는 것을 그저 지켜보고만 있지는 않을 것이다.

이전 사회에 대한 연구들, 가령 과테말라와 멕시코 남부의 마야 문명과 태평양의 이스터 섬처럼 환경 재난으로 붕괴된 듯한 사회를 연구한 결과들을 보면, 환경 재해가 민중의 사회 변혁을 촉진하는 촉매 구실을 했을 것이라고 한다. 자신들의 노동으로 궁전이나 기념물을 만든 민중이 왕과 성직자들을 공격하고, 자신들의 삶을 망친 사회체제의 상징들을 허물어 버렸다는 것이다.

앞으로 몇십 년 안에 세계 기후변화도 마찬가지로 분명 심각한 사회문제가 될 것이다. 지배자들은 우리에게 그 부담을 전가하고, 인접한 경쟁국들에게 환경 파괴로 인한 손실을 떠넘겨 손해를 만회하려 할 것이다. 미 국방부의 한 보고서는 가능성 있는 결말 몇 가지를 다음과 같이 전망했다.

인도, 남아프리카공화국, 인도네시아가 폭동과 내분에 휩싸인다. …… 물 사용권을 둘러싸고 큰 싸움이 벌어진다. 나일 강, 다뉴브 강, 아마존 강 모두 그럴 위험성이 높은 지역이라고들 말한다. …… 미국, 유럽과 같은 부유한 지역들은 경작할 수 없거나 해수면 상승으로 침수된 지역을 떠날 수밖에 없는 수많은 이민자들의 입국을 막기 위해 '요새나 다름없는' 곳으로 바뀔 것이다. 보트 피플의 물결이 심각한 문제를 야기할 것이다. 핵무기 확산도 불가피하다. 일본, 남한, 독일은 이란, 이집트, 북한이 했던 것처럼 핵 능력을 개발한다. 중국, 인도, 파키스탄은 핵폭탄 사용 태세를 갖춘다.◆

기후변화로 말미암아 어떠한 사회·정치적 압력이 생길지, 또 그 파급력이 얼마나 클지는 아무도 정확히 알 수 없다. 확실한 것은 그러한 압력이 존재할 것이라는 점이다. 자원이 고갈되면서, 서로 경쟁하는 자본가와 국가는 자원을 두고 다툴 것이며 평범한 사람들은 곤경에서 벗어나려고 몸부림칠 것이다. 오늘날 세계의 특징인 온갖 사회·정치적 긴장은 더욱 고조될 것이다.

문제는 잠재적인 혁명적 격변의 조건들이 성숙되고 있는지 아닌지가 아니다. 경제 위기가 심화하고, 전쟁이 확산되며, 군사력이 증강되고, 지구온난화가 파괴를 잉태하면 혼란에 빠진 세계

....
◆ 〈옵서버〉, 2004년 2월 22일.

에서 이런 조건은 불가피해지기 마련이다. 그러나 대격변의 결과를 예단할 수는 없다. 제1차세계대전 이후 오랫동안 혼란을 겪었지만 더 나은 사회로 나아가기는커녕 파시즘이 등장하고 전쟁이 재발했다.

무관심과 불만

반灭자본주의 사상이 성장하기는 했지만 총체적 사회 변화를 바라는 사람들은 세상에서 소수다. 그러나 기성 체제에 대한 소극적 불만의 징후들은 어디서든지 볼 수 있다.

 사실 지난 20년간 주요국들에서 투표율은 대체로 하락했다. 1950년대 초에 영국의 투표율은 80퍼센트를 상회했지만 2001년에는 57.5퍼센트, 2005년에는 61퍼센트를 기록했다. 비슷비슷한 신자유주의 정책을 펴는 정당들을 보며 5명 중 2명꼴로 기권했다. 2000년 미국 대선에서는 유권자의 3분의 2가 투표하지 않았고, 2004년 팽팽했던 대선에서조차 절반이 넘는 사람이 투표장을 찾지 않았다. 프랑스 총선의 투표율은 1940년대와 1950년대 초에 70퍼센트 이상이었지만 1990년대 후반에 60퍼센트 미만으로 하락했다. 폴란드에서 2005년 투표율은 30퍼센트였다. 지난 두 차례 프랑스 대선처럼 승패의 결과가 큰 차이를 낳을 듯할 때

투표율은 하락세를 멈추고 껑충 뛰어올랐다. 하나는 사상 처음으로 파시스트 르펜이 결선투표를 통과했을 때였고, 다른 하나는 2007년 사르코지의 강경 우파 공약으로 프랑스 정치가 양극화하자 엄청나게 많은 유권자들이 투표했을 때였다.

물론 정치인들과 선출직 기구에 대한 냉소는 이들을 전복하고 싶은 욕구와 일치하는 것은 아니다. 그러나 이러한 냉소주의에서는 점차 더 많은 사람들이 체제에서 얻을 수 있는 것이 너무 형편없다는 것을 느끼고 있음이 드러난다. 무관심으로 표출되는 이면에는 사람들을 위해 무언가 할 수 있는 현 정치 체제의 능력에 대한 신뢰 상실이 있다.

특히 미국에서는 마찬가지의 수동적 무관심이 마약 확산과 종교 집단 증가에서도 드러난다. 더욱 위험한 것은 신新나치의 억지 주장에 귀를 기울이는 소수가 늘고 있다는 점이다. 때때로 극우 정당에 표를 던져 온 10~15퍼센트, 심지어 20퍼센트 가까운 사람들은 주류 정당의 뻔한 소리에 등을 돌리고, 적어도 자신들만큼 현 체제에서 고통받는 사람들에게 분노를 돌린다. 이러한 사례는 만약 자본주의 세계화의 광란에 맞서 명백한 대안이 제시되지 못한다면, 불만이 얼마나 해로운 것으로 변모할 수 있는지를 보여 주는 끔찍한 사례다.

핵심은 변화가 필요하다고 느끼는 대중의 의식이 무관심을 밀어내고, 반자본주의적 소수가 다수가 될 수 있느냐 없느냐. 그러한 변화의 가능성은 경험에서 살펴볼 수 있다. 무관심은 불가항력적인 압력과 혼란한 세상에 직면했을 때 나타나는 무기력에서 비롯된다. 그러나 사람들이 자신의 관심사가 수많은 사람들의 관심사이기도 하다는 것을 자각할 때 무관심은 정반대로 세계 변혁에 대한 헌신으로 바뀔 수도 있다. 바로 이 점 때문에 반전·반자본주의 운동이 성장하고, 라틴아메리카에서 대중 항쟁의 물결이 일고, 유럽에서 새로운 좌파 세력이 등장할 수 있었던 것이다.

02
혁명은 어떻게 일어나는가?

사람들은 혁명가들의 행동만으로 혁명이 일어날 것처럼 말한다. 체 게바라는 1967년 볼리비아에서 CIA에게 살해되기 직전 다음과 같은 유명한 말을 남겼다. "당신이 혁명가라면, 혁명을 일으켜라." 그러나 혁명은 크든 작든 결코 특정 집단의 행동만으로는 일어나지 않는다. 혁명이 일어나는 이유는 전에는 혁명을 한 번도 생각해 보지 않은 대다수가 변화를 요구하고 정치적 사건의 전면에 나서기 때문이다.

1789년 프랑스 대혁명은 파리의 최빈곤 지역에 사는 수천 명이 베르사유 궁전을 향해 행진했기 때문에 일어났지 소수 공화주의자들의 행동으로 시작된 것이 아니었다. 1917년 러시아 2월 혁명도 기아를 면할 정도의 임금과 장시간 노동에 시달린 여성

섬유 노동자들이 파업에 들어가며 동료 남성 노동자들을 시위에 동참시키려고 눈덩이를 공장 창문에 던지면서 시작됐다.

이런 사건들은 압도 다수의 노동 대중이 스스로 쟁취해야 할 필요성을 느낄 때 자생적으로 발생한다. 보통 혁명적 변화를 위해 운동을 해 온 사람들마저 이러한 상황 변화를 맞이하면 마찬가지로 놀란다.

러시아 혁명가 레닌은 1915년에 쓴 글에서 이러한 행동 변화가 일어나는 데 필수적인 요소 두 가지를 지적했다. 첫째는 하층계급(노동계급)의 생활 조건이 참을 수 없을 만큼 나빠질 때다. 그러나 이 자체만으로는 저항이 일어나기에는 부족하다. 사람들은 생활수준이 나빠지면 의기소침해지거나 서로 자신들끼리 분노를 터뜨릴 수도 있다. 불만이 끓더라도 행동에 나서지 않을 수 있다.

둘째는 지배계급 역시 뾰족한 답을 찾지 못한 채 혼란에 빠지는 경우다. 대규모 경제·정치 위기로 사회의 밑바닥부터 분노가 누적될 뿐 아니라 가장 강력한 자본가들조차 (전쟁이 쉽사리 끝날 수 없는 장기전이 되는 상황에서처럼) 공황 상태에 빠진다. 눈앞에서 벌어지는 사태를 두고 지배계급 내부에서 자기들끼리 비난을 퍼붓고, 개별 자본가들은 경쟁자를 희생시켜 위기에서 벗어나려고 한다.

극단적인 경우, 지배자들의 억압 기구와 선전 도구들이 무력화될 수 있다. 지배계급의 분파들은 서로 다른 분파를 겨냥해 보안경찰이나 언론을 이용하기도 하고, 자신들의 계획을 달성하려고 대중의 일부를 선동하기도 한다. 심지어 지배계급의 내분이 잠시 벌어진 것만으로도 대중은 자신들의 요구를 가로막던 장벽이 없어졌음을 알게 된다. 냉담했던 사람들이 갑자기 행동에 나설 수 있음을 깨닫게 된다.

지배계급의 내분과 대중의 점증하는 불만이 결합될 때, 즉 레닌이 지적했듯이, "하층계급이 더는 옛날 방식으로 살고 싶어 하지 않고, 상층계급도 더는 옛날 방식으로 지배할 수 없을" 때 혁명적 상황이 시작된다.

혁명적 상황

20세기 전반기의 자본주의에서는 전쟁과 경제 위기뿐 아니라 혁명적 상황도 거듭 벌어졌다. 21세기에 들어선 현 체제에서도 다시 같은 일이 벌어지고 있다. 세계 어느 나라, 어느 지역에서든 갑자기 대중의 삶이 파괴되고 지배계급이 서로 목을 조르게끔 하는 경제 위기와 군사적 충돌이 닥칠 수 있다.

2001년 말에 아르헨티나에서 벌어진 사건은 향후 10년 동안 벌어질 만한 사례의 대표적인 것으로 꼽을 수 있다. 1990년대 내내 아르헨티나는 세계화한 국민 경제의 모범이었다. 아르헨티나 대통령과 경제 장관은 규제 완화, 사유화, 외국 자본 유치에서 보여 준 신속함 때문에 관변 경제학자들의 신망을 얻었다. 그러던 아르헨티나가 지구 반대편에서 시작된 금융 위기의 후폭풍을 맞았다. 정부의 대외 부채가 통제 불능 수준으로 급증했다. 국내 시장이 붕괴했고 실업률이 치솟았으며 국가가 전 국민의 은행 계좌를 동결했다. 지배계급은 사후 조처를 두고 분열했다. 일부는 대對달러 환율을 유지해서 세계 어디서든 수익성 있는 투자를 할 수 있는 여지를 두고자 했다. 다른 일부(국내 시장에 기반을 둔 대토지 소유자나 산업자본가들)는 자국 화폐가치를 절하시켜 해외 시장에서 판매를 늘리고자 했다. 이러한 내부 다툼 때문에 언론 통제가 무력해졌다. 실업자들의 소요에 맞서 계엄을 선포한 집권 세력은 전 국민적 저항의 역풍을 맞았다. 중간계급 일부와 공무원처럼 한번도 거리에 나서본 적 없던 사람들이 실업자와 산업 노동자 대열에 합류해 대통령궁 앞을 행진하고, 하루 종일 경찰에 맞서 싸워 정부를 끌어내렸다. 지배계급의 내분으로 TV와 신문이 대중의 분노를 약간 보도했다. 또한 그러한 내분으로, 되풀이되는 대중 시위를 억누를 억압적 국가 기구가 사실상 무력해졌고, 일부 노동자들은 폐업한 공장을 직접 운영하기도 했다.

　이런 일은 아르헨티나에서만 벌어진 것이 아니었다. 알바니아, 인도네시아, 세르비아, 에콰도르, 볼리비아, 네팔에서 일어난 항쟁도 일부 유사한 방식으로 진행됐다. 앞으로 그런 일을 더 많이 보게 될 것이다. 국가가 한동안 안정되거나 평화적인 듯 보일 수 있겠지만, 결국 서로 마주보고 전진하는 두 해일 사이에서 잠시 조용히 떠 있는 뗏목에 지나지 않음을 깨닫게 될 것이다. 그러한 상황에서는, 대중은 아무도 예측하지 못한 방식의 정치 생활에 나서게 된다.

이러한 항쟁은 자본주의의 동학 자체 때문에 일어날 수밖에 없다. 그러나 모든 항쟁이 혁명적 변화로 이어지는 것은 아니다. 앞서 언급한 나라들은 대개 항쟁이 일어나기 이전 상황으로 돌아갔다. 정부는 바뀌었지만 여전히 똑같은 자본가들이 산업과 금융을 운영하고 농업을 좌우한다. 몇몇 개인들이 물러났지만, 경찰과 군대는 전과 똑같은 지배자들의 명령을 받는다. 정부가 사소한 개혁에 양보할 때조차, 대다수는 정신 나간 자본주의 시장 논리에 따라 살 수밖에 없으며 터무니없는 불평등도 계속된다. 때때로 혁명 전야로 불릴 만한 격변을 겪었지만 혁명이 성공하지는 못했던 것이다.

항쟁, 국가, 혁명

혁명 때는 정부가 교체될 뿐 아니라 사회 지배층도 전복된다. 그 결과 이제껏 권력에서 배제된 계급이 상층에 올라선다. 자본주의가 성장할 때 일어난 혁명들에서 부르주아지(자본주의적 착취 형태와 밀접한 이해관계가 있는)는 옛 토지 귀족들이 지배하던 국가를 장악해서 자신들의 입맛에 맞는 정책들을 강제로 실시했다.

국가는 단지 의회나 그와 유사한 기구들만을 가리키는 것이 아니다. 오히려, 국가의 핵심에는 억압 기구인 군대, 경찰, 감옥, 보안경찰이 있다. 이 기구들은 항상 계급 지배에 바탕을 둔다. 그래서 일반 사병, 경찰, 교도관의 사회적 출신이 어떠하든, 명령을 내리는 자들은 경제적 지배계급과 연결된 상층 특권 집단이다.

봉건제 종말의 절정은 부르주아지 지지자들이 구체제의 군대를 물리친 것이었다. 1640년대 영국 혁명은 올리버 크롬웰이 자신의 군대(신형군新型軍)를 창설해 하원을 숙청하고, 상원을 해산하고, 왕을 참수했기 때문에 성공했다. 1789~1794년 프랑스 대혁명에서는 국왕을 보호하던 스위스 용병과의 충돌, 외국 군대와의 전투, 왕의 참수, 왕정 지지자들의 처형이 있었다. 미국의 산업자본주의가 굳건해질 수 있었던 것은 남부의 노예 소유주들의 군대를 무너뜨린 참혹한 전쟁 때문이었다. 독일과 이탈리아에서는 각 지방의 군주와 제후 들이 현대 자본주의 국가를 받아들이도록 강제할 전쟁이 필요했다.

그러나 이러한 혁명들은 국가를 장악하는 데서 그치지 않았다. 사람들의 삶에 영향을 끼치는 가치관과 경제적 관계도 변해야 사회는 온전히 뒤바뀔 수 있었다. 정치 혁명뿐 아니라 이데올로기·경제 혁명도 일어나야 했다. 이러한 변화에는 정치 혁명보다 훨씬 더 많은 시간이 걸렸다. 그러나 신흥계급은 국가권력을 장악하지 않고서는 자신의 지배를 공고히 할 수 없었다.

자본주의의 기원은 13세기나 14세기까지 거슬러 올라가는데, 유럽 일부 지역에서 일단의 세력들이 자본주의 착취 형태를 통해 자신들의 경제력을 서서히 키워가고 있었다. 이들의 경제력이 커진 만큼 인쇄, 서적 판매, 교회 후원, 대학 기부 등을 통해 사상적 영향력도 커졌다. 그러나 그렇다고 해서 군대를 동원해 결정적 승리를 거둘 필요가 없어지는 것은 아니었다.

권력 장악이 이루어지지 않은 곳에서는 옛 지배계급이 무력을 동원해 신흥 자본가들의 경제력을 무너뜨리거나 사람들을 공포에 빠뜨려 옛 이데올로기를 받아들이게 했다. 이러한 일은 16~17세기 독일, 프랑스, 오스트리아, 보헤미아에서 벌어진 종교 전쟁 막바지에 일어났는데, 당시 부르주아지는 프로테스탄티즘의 기치 아래에서 싸웠고 옛 지배계급은 가톨릭의 반종교개혁 깃발 아래 싸웠다. 부르주아지는 국가 변혁을 위한 전투에서 패배한 뒤 한 세기가 넘도록 구체제에 복종해야 했다. 이러한 일은 1814~1815년에 프랑스가 다른 유럽 열강들에게 패배했을 때 다시 벌어졌다. 비록 이번에는 후퇴 기간이 더 짧았지만 말

혁명은 어떻게 일어나는가? *39*

이다. 1640년대 영국, 1790년대 프랑스, 1860년대 미국에서 각각 크롬웰, 로베스피에르, 링컨이 전력을 다해 구체제 세력을 공격하지 않았다면, 똑같은 일이 벌어졌을 것이다. 혁명은 늘 길게 지속되는 과정이었지만, 갑자기 단호한 행동이 필요한 때가 항상 있었다.

자본주의에서 노동자들의 상황과 봉건제에서 부르주아지가 직면한 상황은 서로 다르다. 자본주의 체제에서 착취받는 사람들은 경제적 지배력을 서서히 구축할 수 없다. 노동자나 농민 협동조합을 건설해 자본주의를 바꾸려는 꿈을 가진 사람들도 있지만, 이러한 기구들은 장기적으로 승리할 가능성이 없다. 자본가들은 과거 세대들을 착취해서 성과를 모두 지배한다. 때때로 노동자 협동조합은 자본가 없는 생산의 사례를 선보일 수도 있지만, 다국적기업들과 억만장자의 손아귀에 든 막대한 자원에 필적할 수단을 제공하지는 못한다.

이 때문에 누가 국가를 지배하는가의 문제는 부르주아지가 권력을 향해 도약하던 시절보다 오늘날 한층 더 중요하다. 부르주아지는 구체제 군대에게 패배했을 때도 부의 소유를 통해 여전히 영향력을 행사할 수 있었다. 그러나 자본가들이 파업을 파괴하거나, 노조 활동가를 감옥에 보내거나, 농민을 땅에서 쫓아내는 등의 방법으로 피착취 계급의 투쟁을 짓밟는 데 성공한다면 피착취 계급은 다음 번 공격에 맞서 저항할 방법이 없게 된다.

이들은 경제적 굴종만이 아니라 정치적 굴종도 겪으면서 사기가 떨어질 수밖에 없다. 사람들은 자본주의를 대체할 수 있다는 신념을 잃고, 대안은 없다는 사상에 굴복하게 된다. 최악의 경우, 패배한 노동자들은 자기들끼리 적대시하거나 인종적·종교적 소수자를 희생양 삼을 수 있다.

03

의회주의와 혁명

극작가 조지 버나드 쇼는 《인간과 초인Man and Superman》에서 "모든 보통선거는 혁명이다"라고 썼다. 버나드 쇼는 자본주의에서 권력은 선출된 대통령이나 의회에 있다는 보편적 신념을 표현한 것이다. 정치인들은 선거로 '권력을 얻는다'고들 말한다. 그러나 이것은 틀린 말이다.

영국 국가의 기원은 중세로 거슬러 올라가는데 영국 국가는 17·18·19세기를 거치며 자본주의의 요구에 부합하는 현대적 형태로 다듬어졌다. 19세기 초 영국에는 민주주의가 존재하지 않았다. 당시에는 소수만이 투표할 수 있었다. 1832년 이전까지 남성의 95퍼센트는 선거권이 없었고, 1832년의 선거법 개정 이후에도 여전히 남성의 80퍼센트는 선거권이 없었으며, 여성들은 20세기에 들어서야 선거권을 얻었다. 당시 영국 지배자에게 민주주의란 혐오의 대상이었다. 그들은 민주주의를 "우민 정치"로, 대중을 "분수를 모르는 무리"라고 폄하했다. 19세기 초 영국의 역사학자 매콜리는 "보통선거권은 정부의 모든 존재 이유를 위태롭게 할 것"이며 "문명의 존속과도 완전히 모순된다"고 했다.

영국에서는 참정권 확대를 요구하는 대중적 압력이 높았지만 제1차세계대전 이후에야 보통선거권 비슷한 제도가 받아들여졌다. 그러나 그때조차 일부 여성들에게는 선거권이 없었고 상층계급의 일부 남성에게는 1표 이상이 허용됐다. 그렇지만 선거권 확대로도 국가의 본질적 성격이 바뀌지는 않았다. 랠프 밀리밴드는 《영국의 자본주의적 민주주의 Capitalist Democracy in Britain》 (Oxford, 1982)에서 다음과 같이 썼다.

정치인들이 '민주주의'를 용인한다고 해서 민주주의를 신봉하는 것은 아니었다. 이러한 용인은 민주주의의 효과를 차단하려는 시도에 가까웠다. …… 신중하게 제한되고 적절히 통제되는 민주적 조처는 받아들일 만하고 심지어 어찌 보면 바람직하기조차 했다. 그러나 그 이상의 조처는 받아들일 수 없었다. 정치 제도 전체가 이러한 생각에 맞게 짜였다.

권력은 어디에 있는가

군대, 사법부, 보안경찰, 행정부는 전과 똑같이 운영됐고 위계질서도 바뀌지 않았다. 그 상층부는 어마어마한 경제력을 가진 자들의 친척이나 친구들이 차지했으며 그런 상황은 전과 다름없었다. 군대의 장교 계급, 사법부와 행정부의 고위직을 연구한 결과를 보면, 이들의 80퍼센트가 가장 비싼 수업료를 내야 하는 학교 출신이었다. 드물지만 하층 중간계급이나 노동계급 출신 경찰 서장도 있는데, 그들은 은퇴하면 보수가 후한 자리를 꿰찰 수 있다.

보통의 국가 공무원은 이런 자들에게 무조건 복종해야 한다. 화이트홀Whitehall[영국 행정부를 지칭하는 말]의 공무원과 감옥에서 근무하는 공무원이 만약 위에서 시키는 대로 하지 않았다가는 해고될 것이다. 군인이 명령을 거부했다가는 군사 법정에 끌려갈 것이다. 이들은 명령에 복종하도록 훈련받고, 명령을 어기면 당연히 처벌받는다고 교육받는다. 이들이 복종해야 하는 대상은 위계질서 상의 상급자들이지 국회의원들이 아니다.

이러한 점은 영국뿐 아니라 세계 어느 나라도 마찬가지다. 설령 군 장교 대부분이 지배계급이 아니라 중간계급 출신이라 해도, 이들은 일반 사병과 현저히 다른 대우를 받는다. 군 장교들은 특별한 음식과 숙소를 제공받으며, 일반 사병들을 하인처럼 부리고, 대개 출세길로 들어서는 경력을 쌓는다. 이런 자들은 때때로 지배계급 일부와 불화하기도 하지만, 자신과 대중의 차이를 잊는 법은 거의 없다.

선거에서 유권자들은 누가 경제 권력을 행사할지를 두고 투표하지 않는다. 경제 권력의 주인은 바뀌는 법이 없다. 경제문제, 이를테면 무엇을 생산할지, 임금을 얼마나 인상할지, 일자리를 어떻게 마련할지 등을 결정할 때 민주주의는 존재하지 않는다. 선거로 국가의 성격이 바뀌지도 않는다. 좌파 대통령이 당선되든 좌파 의원들이 국회의 다수가 되든, 장성, 경찰 수뇌부, 판사들은 기업가나 은행가와 마찬가지로 자리를 보전하고, 사회는 계속 자본주의 방식으로 운영될 것이다. 상층부에 있는 자들은 선출된 기구들의 결정 사항을 형식적으로 이행하는 척하겠지만, 자신들이 싫어하는 조처들을 방해하려고 전력을 다하면서 온갖 핑계를 대며 자본가들의 이익을 지켜 주려 할 것이고, 그러면 자본가 계급은 경제력을 동원해 정부가 자신들의 요구에 굴복하도록 만들 것이다.

영국의 사례

1974년 영국 총선에서는 "부자들을 쥐어짜서" 불평등을 줄이겠다고 공약한 노동당이 승리했다. 이 말은 당시 노동당 우파 지도자 데니스 힐리의 말이었다. 자본가 계급은 격분해서 반발했다. 고위 기업인인 프레드릭 캐서우드 경은 "투자 파업"을 선언했다. 왓킨슨 경은 대기업이 자신들의 "경제적 파급력"을 이용해서 정부에 맞설 수 있다고 호언장담했다. 유력 회사와 은행들은 돈을 해외로 옮기기 시작했다. 〈선데이 타임스〉는 그에 따른 파운드화 위기를 두고, 임금 삭감을 추구하는 "소득 정책 합의를 도출하는 데 필요한 히스테리 분위기의 논리적 귀결"로 묘사했다. 시장을 신봉하는 어떤 사람은 신문에서 이렇게 말하기도 했다. "기업인들은 마치 공갈을 일삼는 깡패같다."

국가 관료들은 대기업이 벌이는 전투에서 있는 힘껏 대기업을 도왔다. 총리 해럴드 윌슨의 언론 담당 비서관인 조 헤인스는 나중에 정부 고위 관료들의 태도를 다음과 같이 묘사했다.

> 1974년부터 국방부는 노동당의 국방비 삭감에 맞서 지출을 늘리려고 분투했고, 환경부는 노동당의 철도 중시 정책과는 반대로 철도 시스템을 공격했고, 재무부는 노동당이 부유세 공약을 철회하도록 압박했다. 정부에 정책을 받아들이도록 밀어붙이는 재무부의 압력은 가차 없었다. 심지어 내각이 재무부의 제안을 거부하는 것이 불가능한 상황으로까지 몰아갈 지경이었다.

저널리스트 피터 젱킨스는 〈가디언〉에서 재무부가 노동당 정부를 압박하려고 파운드화 위기를 이용하고 있음을 '어느 권위 있는 해외 소식통'한테서 들었다며 다음과 같이 말했다. "이들[영국 재무부 관리들]은 '이 빌어먹을 놈들[노동당 정부]을 구해 주지 말라'고 말하면서 우리나라 사람들과 계속 연락을 취하고 있다."

노동당 정부는 의회 다수당의 힘만으로는 위기에 대처할 수 없었다. 노동당은 국가기구를 통제하지 못했고, 국가기구는 대기업들을 통제할 수 없었다. 해럴드 윌슨은 마치 헤비급 권투 챔피언과 링에서 싸우는 약골과 진배없었다. 계속 두들겨 맞지 않는 방법은 항복하는 것뿐이었다. 노동계급의 삶을 개선하는 개혁을 약속하면서 집권한 노동당 정부는 반세기 동안 가장 큰 폭의 실질임금 삭감을 밀어붙이는 지경에 이르렀다.

이런 일은 한번만 일어난 것도 아니었다. 1929~1931년, 1964~1970년, 1974~1979년 영국 노동당 정부뿐 아니라, 1936년 프랑스 사회당이 이끈 민중전선 정부, 제2차세계대전 종전 직후 프랑스와 이탈리아의 연립정부, 1980년대와 1990년대 말 프랑스의 미테랑과 조스팽 정부도 그랬다. 이러한 일이 일어날 때마다 강렬한 개혁 염원은 쓰디쓴 환멸로 바뀌었고, 불신받던 우파 정당이 그 틈을 타 복귀했다.

이러한 협박과 배신 양상의 유일한 예외는 제2차세계대전 후

25년 동안뿐이었다. 1945~1951년 영국 노동당 정부나 그와 유사한 스칸디나비아의 정부들은 상당한 혜택이 돌아가는 일부 개혁 조처를 취했다. 그러나 이 시절은 자본주의의 예외적인 시기, 즉 일부 사람들이 황금기라 부르던 시기였다. 엄청난 국방비 지출(특히 미국) 덕분에 세계적인 경제 호황이 가능했고, 정부는 대기업과 협조 체제를 유지해 거의 꾸준히 경제성장을 지속할 수 있었다. 사용자들의 이윤도 충분히 늘어나 임금을 인상하고 더 나은 복지 서비스를 제공할 여력이 생겼다. 이 현상은 노동당과 유사한 정당들이 집권한 나라에서만이 아니라 보수당이 집권한 프랑스, 이탈리아, 서독과 1950년대와 1960년대 초 영국의 보수당 정부 치하에서도 벌어졌다.

그러한 시절은 먼 과거가 됐다. 현대 자본주의를 지배하는 거대 다국적기업들은 자국을 벗어나 전 세계에서 제품을 생산하고 무역한다. 이런 상황에서는 정부가 각 국민경제의 속도를 조절할 수 없다. 그들이 아무리 대기업과 협력하더라도 말이다. 정부가 할 수 있는 것이라고는 호황과 급작스러운 불황이 거듭될 때마다 체제의 리듬에 따라 오락가락하는 것뿐이다. 그러나 그때마다 개혁 아닌 개혁 조처들(연금 삭감과 낮은 실업급여, 안정된 일자리 부족과 노동시간 연장 등)을 받아들이라고 노동자들에게 요구하기 마련이다.

신자유주의라는 말은 미국과 영국에서는 '자유시장' 또는 '자유방임' 자본주의로, 유럽 대륙에서는 '자유 자본주의'로 부르던 체제가 되살아났음을 뜻하는데, 이 체제는 전간기의 대공황 때 파국을 맞이했다.

자본주의를 개혁할 수 있다고 주장하던 자들의 정부는 대공황에 직면해서 무력하기 짝이 없음이 드러났다. 영국 노동당 총리였던 램지 맥도널드는 1930년 당대회에서 노동당 정부가 할 수 있는 일은 거의 없다고 발언했다. "동지들, 우리는 지금 시험에 놓인 것이 아닙니다. 우리가 살고 있는 이 체제는 무너졌습니다. 이 작은 섬[영국]에서만이 아니라 유럽, 아시아, 아메리카에서 모두 무너졌습니다. 무너질 수밖에 없었다는 듯이 모든 곳에서 무너졌습니다." 독일 사민당의 재무장관을 지낸 루돌프 힐퍼딩은 다음과 같이 인정했다. "경제 위기를 해결할 구체적 방안에 대해 할 말이 없습니다." 이어서 "독일 사민당을 비롯해서 어느 누구도 손을 쓸 수 없는 일들"이 너무 많다고 덧붙였다.

이들은 자신들이 자본주의를 운영하기는커녕 자본주의가 자신들을 이끌고 재앙에 이르렀음을 깨달았다. 1년 뒤 맥도널드는 노동당을 떠나 보수당 정부에 입각했다. 10년 뒤 힐퍼딩은 나치의 고문과 살해를 피해 자살했다. 오늘날 부활한 자유시장 자본주의에서 운영되는 정부가 더 성공할 수 있다고 믿을 이유는 전혀 없다.

쓰라린 교훈

대중의 압력이 있으면 좌파 정부가 쉽사리 굴복하지 못하게 막을 수 있다고 주장하는 사람들이 있다(확실히 대중의 압력은 효과가 있다). 저항이 강력해지면 정부뿐 아니라 국가와 대기업도 양보할 수 있다. 지배계급은 다음과 같이 말한 보수당의 퀸틴 호그(나중에 헤일섬 경이 되는)와 비슷한 감정을 느낄 수 있다. 호그는 제2차세계대전 와중에 열린 당대회에서 "만약 우리가 개혁을 받아들이지 않는다면, 혁명을 맞이할 것입니다" 하고 말했다.

1936년 대중 파업이 벌어지자 프랑스 지배계급은 민중전선 정부의 개혁 조처를 용인했다. 1970년 칠레 지배계급도 살바도르 아옌데가 대통령 선거에서 승리한 이후 시위가 봇물처럼 터지자 마찬가지였다. 그해 말 미국이 지원한 쿠데타 기도도 완전히 실패했다. 그러나 두 경우 모두 지배계급과 그 국가는 단지 시간을 벌고자 잠시 양보한 것이었다. 1937~1938년 프랑스 지배계급은 1936년에 통과된 개혁 조처들을 무위로 돌리려고 민중전선 정부의 의회 다수파에게 압력을 넣었고, 1940년 의회는 페탱 원수가 주도하는, 나치 점령군과의 협력에 찬성표를 던졌다. 칠레 지배계급은 더 나아가 자신들의 의지를 관철하려고 군사 행동을 감행했다. 일부 국민이 아옌데 정부에 적대하도록 만들고자 경제적 사보타주를 1년 남짓 계속하다가 쿠데타를 일으켰다. 1973년

9월 피노체트 장군은 주요 도시에 탱크를 투입하고 대통령궁을 폭격하고 아옌데를 살해했다. 그리고 정부 지지자 수천 명을 투옥하고 살해했다. 겨우 2개월 전 아옌데는 피노체트를 군 총사령관으로 임명했었다.

칠레에서 쿠데타가 성공한 이후 기존 국가를 통해 사회를 바꾸자는 견해를 가진 많은 사람들(이탈리아 공산당 지도자들과 영국 역사학자 에릭 홉스봄)은 이상한 결론을 내렸다. 이들은 칠레가 실패한 것은 너무 빨리, 너무 멀리 나아갔기 때문이라고 주장했으며 또 개혁주의 정부가 정권을 유지하는 방법은 사람들이 원하는 개혁의 시행을 자제하는 것뿐이라고 결론지었다. 기존 국가를 통해서는 우리가 원하는 사회 변화를 이룰 수 없음을 인정하는 것이나 다름없었다. 다른 세계가 가능하다면, 그러한 방식으로는 이룰 수 없을 것이다.

그렇다고 해서 의회를 무시해야 한다고 말하려는 것은 아니다. 의회는 대부분의 사람들이 생각하는 정치의 중심이며, 사회가 나아갈 방향에 대한 논의들이 벌어지는 영역이다. 사람들은 사회 병폐와 마주칠 때 흔히 의회가 이를 해결해 줄 것이라고 기대한다. 그래서 선거만으로 사회에 큰 변화가 일어나지는 못하더라도, 선거는 사람들의 변화 염원을 가늠하는 척도가 될 수 있다. 또한 사람들이 다른 사람들과 그러한 염원을 얼마나 공유하는지도 알게 해 준다.

선거 운동은 세상을 바꾸고자 하는 사람들을 조직하는 데 유용할 뿐더러 그러한 사상을 표현할 기회도 제공한다. 심지어 국회의원 한 명이 당선한 것만으로도 수많은 사람들의 판단에 영향을 미칠 급진적 주장의 발판이 마련될 수 있다. 제1차세계대전 발발 직후 독일의 혁명적 사회주의자 칼 리프크네히트는 의원 신분을 활용해 국가의 검열로 강요된 침묵을 깨고 전쟁 반대를 주장했다. 영국에서도 그와 유사한 사례가 있었는데, 1960년대 말과 1970년대 초 북아일랜드 출신의 젊은 사회주의자 버너뎃 데블린은 선거에 입후보해 잉글랜드의 아일랜드 지배를 맹렬히 비판했다. 최근에는 2005년 베스널 그린 앤 보우 지역[런던 동부의 선거구]에서 리스펙트 후보로 출마해 당선된 조지 갤러웨이가 미국 정부의 핵심인 상원에 출석해서 제국주의 전쟁에 반대하는 주장을 펼칠 기회를 얻었다. 의회는 기껏해야 바람직한 사회상에 대해 의견이 다른 여러 계급의 대표자들이 대중에게 견해를 널리 알리는 논쟁의 장이다. 의회 공간은 국가 권력의 위계질서를 전복할 수는 없어도 이에 대항하는 사람들을 동원하는 수단이 될 수는 있다.

그러나 설령 의회 다수파나 대통령이 좌파일지라도, 그런 대중 동원은 거리와 작업장의 상황에 달려 있다. 1970년대 초의 칠레가 이를 입증하는 부정적 사례였다면, 2002년 4월 베네수엘라에서 일부 군 장성들이 쿠데타를 일으켜 재선 대통령 우고 차베스를 납치하고 사용자 단체[경총] 우두머리를 대통령에 앉혔다가 실패한 것은 훨씬 더 긍정적인 사례였다. 납치 이틀 후 카라카스의 수많은 빈민들이 대통령궁을 에워싸자 일부 군인들이 쿠데타 장성들에 등을 돌리고 차베스를 복귀시켰다. 6개월 후 경영자들이 산업을 마비시켜서 차베스를 전복하려던 두 번째 시도도 베네수엘라 노동자들의 대중행동으로 좌절됐다.

만약 위와 같은 일이 단순히 의회 내 문제로 전락했다면, 차베스는 살아남지 못했을 것이고 베네수엘라는 칠레의 전철을 밟았을 것이다. 또 베네수엘라 빈민은 나중에 석유 호황으로 인한 수입 증대로 재원을 조달한 개혁도 얻어낼 수 없었을 것이며, "21세기 사회주의" 논의도 등장하지 못했을 것이다. 지금 베네수엘라 부유층은 대중운동이 다시 분출할까 봐 두려워서 개혁 조처들을 용인할 수밖에 없으면서도, 노동자와 빈민이 쿠데타를 좌절시킨 방법을 망각하기를 바라면서 기회를 엿보고 있다.

04
혁명적 민주주의

 모든 위대한 혁명은 의회나 대통령 선거보다 진정으로 민주적인 제도를 통해 권력을 행사하는 대중 덕분에 가능했다. 대중은 자신을 대변해 줄 대표자들에게 한 번 투표하는 것만으로는 구질서를 보전하려는 강력한 세력에 맞서기에 부족하다는 것을 깨달았기 때문에 대중 스스로 통제할 수 있는 여러 조직 형태를 만들어 내려 했다.
 이 점은 심지어 부르주아 혁명도 마찬가지였다. 영국 혁명이 한창이던 1640년대에 하층계급 출신의 혁명적 신형군 병사들은 "선동가"라는 대표자들을 선출했다. 그들은 잠시나마 부유층 출신 장교들에게 압력을 가해 기층의 요구 일부를 수용하고 혁명을 전진시키도록 강제할 수 있었다. 1790년대 초 프랑스 대

혁명 때 파리의 하층계급인 '상퀼로트'는 지구별로 집회를 열고, 정부를 운영하는 혁명적 공회와 시의회에 자신들의 요구를 관철시켰다.

그러나 이 상황은 오래갈 수 없었다. 신흥 중간계급은 옛 봉건 이익집단들을 통제할 수 있을 만큼 충분히 강력해지자 민주적 대중운동이 자신들의 경제 권력을 위협하는 것을 지켜보느니 차라리 왕정복고를 선택하면서 혁명적 민주주의를 파괴했다.

노동자들이 최초로 권력 장악의 위업을 이룬 1871년 파리코뮌에서 혁명적 민주주의는 훨씬 더 크게 발전했다. 프랑스 군이 독일과의 전쟁에서 패하고 파리가 포위되는 것을 지켜본 파리 노동자들은 권력을 잡고 코뮌을 건설했다. 지역별로 언제든지 소환 가능한 대표들을 선출하고, 대표들에게 숙련공 임금만큼만 보수를 지급했다. 대표들은 선출되지 않은 관료 계층에 의지하지 않고 스스로 결정하고 실행했으며, 직업군인이나 징집병이 아니라 국민방위군으로 조직된 무장한 노동자들에게 의지했다.

새로운 형태의 혁명적 민주주의는 20세기에 노동계급이 혁명적으로 분출하면서 등장하기 시작했는데, 그것은 바로 노동자 평의회였다. 노동자 평의회가 처음 생겨난 것은 1905년 10월 400년간 지속된 차르 제국을 거의 몰락시킬 뻔한 파업이 벌어진 때였다. 러시아 수도 페테르부르크에서 파업 중인 인쇄 노동자들은 대표들을 선출해서 평의회, 러시아어로 소비에트를 구성했고, 파업 중인 다른 공장에서 선출된 대표들도 이에 가세했다. 노동자 평의회는 페테르부르크를 장악한 운동의 조직적 핵심이 됐고, 피억압 계급의 경제적·정치적 요구를 모아 내는 중심이 됐고, 사실상 차르 정부를 대체할 정부 구실을 했다.

이원 권력

이런 일은 대중 파업과 시위에 영향받은 병사들이 반란을 일으킨 1917년에도 러시아의 모든 도시에서 되풀이됐다. 차르는 물러났고 그 자리를 대신한 정부는 제1차세계대전에 계속 참전하고 자본주의를 용인했다. 그러나 순식간에 대중운동에서 노동자·병사 평의회가 등장해서 대중의 반자본주의·반전 정서를 대변했다. 노동자·병사 평의회가 정부의 권력에 맞서서 사실상 노동자 정부 구실을 하는 '이원 권력' 상태가 8개월 동안 지속됐다. 그러다가 1917년 10월 수도에서 노동자·병사 평의회 다수파가 스스로 권력을 장악했고, 이 조처는 전국 노동자·병사 평의회 대회에서 비준됐다.

1년이 좀 지나 독일에서도 비슷한 상황이 벌어졌다. 파업과 군대 반란으로 카이저의 제국이 무너진 것이다. 또다시 공식 정부는 자본주의 질서를 유지하려 하고, 노동자·병사 평의회는 다양한 일상적 조처들을 결정하는 이원 권력 상황이 나타났다. 그러나 이번에는 공식 정부가 퇴역 장교단을 이용해, 지방에서 잇따라 벌어진 내전에서 혁명운동을 분쇄하고 결국 승리했다.

1936년 여름의 스페인 혁명에서도 무장한 노동자들의 대표 기구들이 비슷한 구실을 했다. 전국의 도시 절반 이상에서 대중 봉기가 일어나 프랑코 장군의 군사 쿠데타를 좌절시켰다. 이 노동자 위원회들은 시민군을 조직해서 내전에서 프랑코에 맞서 싸우는 동시에 이런저런 경제 부문을 접수하기 시작했다(조지 오웰의 책 ≪카탈로니아 찬가≫와 켄 로치 감독의 영화 〈랜드 앤 프리덤Land and Freedom〉에 잘 묘사돼 있다).

1956년 헝가리에서 소련의 점령에 맞서 노동자들이 봉기했을 때도 노동자 평의회는 다시 조직적 수단이 됐다. 우선 여러 지역의 공장에서 대표들을 선출해 점령에 반대하는 투쟁을 조직하고, 음식과 생필품 공급을 확보했다. 머지않아 평의회는 기층에서 통치 체제를 확립하려는 노력을 조직하기 시작했다.

영국 공산당 기관지 〈데일리 워커Daily Worker〉의 기자 피터 프라이어는 당시 상황을 취재하고자 헝가리에 갔다가, 헝가리 혁명을 정직하게 보도했다는 이유로 나중에 당에서 축출됐다. 그는 ≪헝가리의 비극Hungarian Tragedy≫(London, 1997)에서 다음과 같이 썼다.

자생적 등장, 구성, 책임감, 효율적인 식량 공급과 치안 유지라는 측면에서 …… 그리고 특히 1905년 혁명과 1917년 2월 러시아에서 태동한 노동자·농민·병사 평의회와 비슷하다는 측면에서 볼 때 …… 지금 헝가리 전역으로 확산된 이 위원회들은 …… 공장과 대학, 광산과 군대에서 선출된 대표자들로 이루어진 봉기 조직일 뿐 아니라 무장한 시민들이 신뢰하는 대중 자치기관이기도 했다.

소련 군대가 무장봉기를 진압한 후에도 부다페스트 중앙 노동자 평의회는 그 성원들이 체포될 때까지 몇 주 동안 도시의 대안 정부 구실을 했다.

칠레에서는 1972년 말과 1973년 초에 수도 산티아고의 공단 지역에서 공장 대표들이 노동자 평의회와 어느 정도 비슷한 '코르돈cordones'이라는 위원회를 운영하기 시작했다. 좌파 정부는 일부 국가기구의 거의 노골적인 지원을 받은 자본가들의 공격에 시달리고 있었다. 사용자들이 직장 폐쇄 등으로 산업을 마비시키려 하자, 노동자들은 공장위원회를 건설해 생산을 지속하고 식량을 공급했다. 이들은 여러 위원회들을 코르돈으로 통합해 대중 자치 네트워크의 토대를 쌓았다.

이러한 경험은 1980년 폴란드 그단스크에서도 되풀이됐다. 노동자들은 임금 인상과 노동조건 개선, 어느 여성 활동가의 해고 반대를 위해 조선소를 점거했다. 다른 작업장 250군데의 노동자들이 가세해 "공장 파업 위원회MKS"라는 대표 기구를 건설했다. 콜린 바커는 그 투쟁의 역사에 대해 다음과 같이 썼다.

전체 운동의 바탕에는 공장 점거라는 거대한 물결이 있었다. 각 파업 작업장은 지역 파업위원회에 대표들을 파견했다. 파견된 대표들은 집행위원회를 선출하고 직접 통제했다. 국가와 벌이는 주요 협상은 조선소 스피커 장치와 연결된 마이크 앞에서 벌어졌기 때문에 노동자 수천 명이 진행 상황을 실시간으로 들을 수 있었다. …… 대표들은 [협상] 과정이 녹음된 테이프를 가지고 작업장으로 돌아가서 경과를 보고하고 협상단의 권한을 다시 조율했다. …… 파업위원회가 세워진 지 며칠도 안 돼 그단스크 파업위원회는 지역의 필수적 서비스를 통제하기 시작했다.*

폴란드는 16개월 동안 이원 권력 상태에 있었다. 공식 정부는 군대와 경찰을 통제했지만 국민들의 지지를 거의 얻지 못했고, 솔리다르노시치는 노동조합을 자처했지만 사실은 노동조합보다 노동자 평의회에 훨씬 더 가까웠다(이에 반해 1989년에 개편된 솔리다르노시치는 대중적 노동자 민주주의가 없는 구식 노동조합과 다름없었다).

* Colin Barker, "Poland, 1980-81: The Self-Limited Revolution" in Colin Barker(ed), *Revolutionary Rehearsals*(London, 1987).

노동자들은 이러한 운동에서 늘 핵심적 구실을 했다. 운동에 탄력이 붙자 사회의 더 광범한 계층이 운동에 참여했다. 1917년 러시아, 1918~1919년 독일, 1936년 스페인, 1956년 헝가리, 1980년 폴란드에서 비슷한 민주적 조직 형태들이 확장돼 병사, 농민, 교사, 지식인, 하층 중간계급 일부, 억압받는 소수자 등 모든 종류의 집단들을 포괄했다. 피억압·피착취 계급의 일부가 저항해서 현실을 바꿀 힘이 있음이 밝혀지자 이들은 온갖 종류의 다른 집단들을 이끌고 사회 전체를 단결시키기 시작했다. 그 과정에서 이러한 운동은 새로운 토대 위에서 사회를 재건하는 방식을 실제로 보여 주기 시작했다. 그때마다 모든 사람들은 새로운 세상을 만드는 법을 숙고하기 시작했다.

어떤 계급의 독재인가?

칼 마르크스가 주장했듯이, 모든 계급사회에서는 지배계급이 나머지 계급을 상대로 독재를 행사한다. 이 독재는 때로는 폭군의 독재 형태를 취한다. 때로는 지배계급에게만 국한된 민주주의 형태를 취하기도 한다. 그래서 로마 공화정 시대에 노예를 소유한 상층계급은 그 계급만이 참여할 수 있는 원로원을 통해 '민주적'으로 독재를 행사했다. 미국 남북전쟁 전에 남부 여러 주에서는 노예 소유자들이 노예를 어떻게 다룰지를 자기들끼리 결정했다.

현대 자본주의 사회에서도 소수 지배계급이 경제와 국가를 통제하는 방식은 사회 전체에 대한 독재와 다름없다. 심지어 대중에게 정치적 권리를 허용해서 독재가 완화될 때조차 독재임에는 변함없다. 어느 경우든 한 계급이 나머지 계급을 지배하는 셈이다.

혁명 때는 그러한 상황이 역전된다. 그래서 피착취·피억압 계급이 지배하게 된다. 이것은 노동계급이 지배계급이 된다는 뜻이다. 이것이 마르크스가 말한 "프롤레타리아 독재"의 의미다. 마르크스는 이를 노동계급이 민주적으로 조직화해 옛 지배자들에게 자신의 의지를 강요하는 것이라고 설명했다. 이러한 독재는 의회민주주의보다 덜 민주적인 것이 아니라 훨씬 더 민주적이다. 프롤레타리아 독재를 수립한다는 것은 기존의 권위주의 국가를 사회의 일반 대중에게 직접 책임지는 기관들로 대체하는 것이며, 이 기관들이 정치적 의사결정뿐 아니라 경제적 의사결정도 내린다는 것이다. 마르크스는 기존 국가의 폭력에 맞서 주민 대다수가 스스로 조직할 때 이러한 기관들이 등장할 것이며, 이 기관들은 다수의 이해관계에 따라 사회 전체를 재조직할 것이라고 주장했다. 프리드리히 엥겔스는 선출된 노동자 대표들이 언제든지 소환될 수 있었던 1871년 파리코뮌이 바로 노동계급의 지배, 즉 프롤레타리아 독재가 어떤 것인지를 보여 준다고 말했다. 파리코뮌의 뒤를 이어 20세기에 등장한 노동자 평의회는 미래의 격변기에 나타날 수 있는 혁명적 조직의 일면을 보여 준 선례라 할 수 있다.

05

계급과 혁명

혁명적 사회주의자들은 노동계급이 사회 변혁의 핵심이라고 생각한다. 이것은 자본주의 사회의 성격에서 비롯한다. 자본가들은 이윤 창출 없이 존재할 수 없으며, 노동자들을 한데 모아 착취하지 않으면, 따라서 불만을 자아내지 않으면 존재할 수 없다. 이를 두고 마르크스는 자본주의가 자신의 "무덤을 파는 자들"을 만들어 낸다고 말했다.

자본주의 이전의 지배계급들도 주민 다수를 착취했다. 그러나 이들은 주로 농촌 곳곳에 흩어져 사는 농민들을 착취했다. 농민들은 가구별로 자신의 땅을 경작했고, 마을과 촌락에 살면서 서로 거의 교류도 없었고, 토착 방언으로 말했고, 문맹이었고, 더 넓은 세계에 대해 아는 것도 거의 없었다.

이에 반해 자본주의 사회에서는 착취당하는 사람들이 대부분 대도시와 작업장으로 집중되고 집단적인 투쟁으로 노동조건을 개선할 수 있다. 자본가들이 노동자들을 최대한 착취하려면, 노동계급은 이전 사회의 피착취 계급보다 글을 읽고 쓰거나 계산하는 능력이 더 뛰어나야 한다. 그 결과, 자본주의는 체제에 맞서 조직할 능력과 사회를 변혁할 잠재력을 지닌 계급을 만들어 냈다.

오늘날 계급의 현실

20세기 혁명운동의 중심에는 산업 노동계급이 있었다. 학계와 언론계의 수많은 전문가들은 이제 노동계급이 하나의 세력으로서 쇠퇴했기 때문에 노동계급은 혁명 문제에서 현실 관련성이 없다고 주장한다. 변화가 절실히 필요하다는 토론을 할 때도, "다중"이나 "사회 운동" 같은 용어로 표현된다.

영국만이 아니라 다른 선진 공업국들에서도 광공업에 고용된 노동자 비중이 감소한 것은 분명한 사실이다. 오늘날 영국 제조업에 고용된 노동자 수는 1973년의 절반가량이다. 그렇다고 해서 산업 노동계급이 사라졌다는 말은 아니다. 겨우 6년 전[이 책은 2007년에 출간됐다]만 해도 미국에서는 제조업 노동자 수가 늘고 있었고, 심지어 오늘날 영국에서도 제조업 노동자가 수백만 명이나 된다. 더 중요하게는 노동계급이라는 개념이 특정 산업 종사자들로 국한될 수 없다는 것이다.

언론, 정치인, 학자들은 계급을 생활양식이나 독일 사회학자 막스 베버가 말한 "생활 기회"에 따라 구분한다. 그들은 사람들이 옷을 입고 말하는 방식, 하는 일의 성격, 존경받는 정도, 가난한 정도를 출발점으로 삼는다. 이들은 화이트칼라 서비스 직종의 노동자 수는 늘어나는 반면 고된 육체노동자들의 비중은 줄었으므로 중간계급이 점차 늘어나는 사회가 된다고 주장한다. 즉, 다수의 사람들은 부유하고 소수만이 "최하층계급"을 형성하는 "3분의 2와 3분의 1"의 사회가 됐다는 것이다.

좌파 진영에서도 많은 사람들이 비슷한 방식으로 계급을 분류한다. 이들은 숙련직 남성 육체노동자를 "노동 귀족"으로 보고 가난한 노동자들을 최하층계급으로 구분하거나, 제조업 육체노동자를 "프롤레타리아"로 보고 화이트칼라와 서비스직 노동자를 중간계급으로 본다.

이 이론들은 사회가 근본적으로 생산수단을 통제하는 사람들과 그들을 위해 일하는 사람들로 나뉜다는 사실을 흐린다. 생활양식, 의복, 소득, 소비는 계급 분할의 산물이지 그 원인이 아니다. 자산계급에 속하는 사람이 이따금 형편없는 조건을 감수하는 것과 일부 임금노동자가 자투리 수입을 얻고 착취자의 생활

양식을 이렇게 저렇게 흉내내는 것은 완전히 다른 문제다. 바클레이 은행[영국의 대형 은행]의 사장과 그 은행 지점에서 일하는 노동자의 복장이 똑같다고 해서, 그 둘의 차이가 사라지는 것은 아니다. 은행원이나 컴퓨터 기술자, 콜센터 직원은 자동차 공장 노동자나 항만 노동자와 마찬가지로 1주일에 5일씩, 1년에 48주를 일하며 자발적으로 임금 노예의 처지를 받아들일 수밖에 없는 사람들이다.

구조조정과 계급의 연속성

자본주의의 핵심인 경쟁 때문에, 기업들은 되풀이되는 경제 위기에서 살아남고 경쟁 업체들을 따돌리기 위해 끊임없이 생산을 구조조정한다. 이 때문에 노동인구의 구조조정도 거듭된다. 일부 노동자 집단은 규모가 축소되고 다른 분야는 확대된다. 예컨대, 1830년대와 1840년대 영국에서 노동자가 가장 많이 몰려 있는 산업은 섬유산업이었다. 당시 사람들은 면직공장에서 일하는 노동자를 노동자의 전형으로 떠올렸다. 40년 후, 완전히 새로운 산업들이 성장하고 있었고 사람들은 점차 조선업이나 광업 같은 중공업 종사자들을 노동계급으로 여겼다. 제2차세계대전 즈음에는 다시 상황이 변해 자동차 산업, 전기제품 산업, 경공업에서 일자리가 엄청나게 늘어난다.

그때마다 사람들은 주위의 생활양식이 달라지는 것을 보고 과거의 전투적 노동계급은 사라졌다고 결론지었다. 1870년 무렵에 30년 전 차티스트 운동에 참여한 활동가였던 토머스 쿠퍼는 잉글랜드 북부의 노동자들을 조사해 다음과 같이 썼다.

> 가슴 아프게도 노동자들의 윤리적·지적 상황이 더 나빠졌다. …… 옛날 차티스트 운동 시절에 랭커서 지역의 남성 노동자들은 누더기를 걸친 사람이 부지기수였고, 많은 이들이 굶주렸다. 그러나 어디에 가든, 노동자들의 지성을 느낄 수 있었다. 여기저기서 사회 정의의 위대한 원칙들을 토론하는 노동자 집단을 볼 수 있었다. …… 이들은 사회주의 교리를 진지하게 토론했다. 그러나 지금은 랭커서에서 그런 사람들을 볼 수 없다. 그 대신 말쑥하게 차려입은 남성 노동자들이 협동조합의 매점 이야기를 하거나 자신이 보유한 협동조합·주택금융조합 지분에 대해 이야기하는 소리가 들릴 뿐이다. 그리고 옷을 입힌 그레이하운드[사냥개의 일종]를 줄에 매어 끌고 다니는 천치 같은 작자들도 있다. …… 노동자들은 이제 더는 생각하지 않는다.◆

◆ Max Beer, *A History of British Socialism*(1940)에서 인용.

70여 년 뒤 "전통적 노동계급은 사라졌다"는 생각이 다시 유행했다. 1962년 영국 중앙공보처는 보도 자료에서 영국 사회의 특징으로 "중간계급의 팽창"을 꼽았다. "보통 남성은 중간계급 시민이자 주택 소유자로서 자신의 미래에 너무 많이 투자했기"◆ 때문에 1930년대의 노동계급 조건으로 돌아가는 일은 결코 있을 수 없다는 것이다.

"풍요로운" 자동차 노동자들이 "부르주아화"했는지를 주제로 진지한 학술적 논의도 있었다. 1956년 노동당 이론가인 앤서니 크로스랜드는 ≪사회주의의 미래≫에서 다음과 같이 썼다.

1921년이나 1925~1926년과 달리 오늘날에는 정부와 자본가가 결탁해서 반노조 법안이나 전국적인 직장폐쇄, 임금 삭감 등 온갖 공격을 감행하거나 광부들이 맹렬히 반대할 탄광 정책을 강행하는 것은 상상할 수도 없는 일이다.

그러나 1960년대 말에 이르자 노동자 투쟁이 다시 고개를 들기 시작했다. 이 투쟁은 1920년대 못지않게 사회를 뒤흔들며 대결 국면으로 치달았고 1974년에는 보수당 정부를 실각시키기도

◆ John Goldthorpe, David Lockwood and others, *The Affluent Worker in the Class Structure*(Cambridge, 1969)에서 인용.

했다. 이러한 전투성의 핵심에는 인쇄·탄광·자동차 산업의 이른바 풍요로운 노동자들이 있었다. 그리고 이 전투성은 결국 경찰이 탄광 지역을 점령한 채 1년 넘게 지속된 1984~1985년 광부 파업이 패배한 뒤에야 사그라졌다.

산업 구조조정으로 노동계급이 변하고 관찰자들이 혼란에 빠지지만, 그렇다고 해서 계급투쟁의 물결이 되풀이되는 자본주의의 기본 특징이 바뀌지는 않는다.

21세기의 노동계급

선진국 자본주의 구조조정의 특징으로 두 가지 경향을 꼽을 수 있다. 하나는 노동인구에서 화이트칼라 노동자들이 차지하는 비중이 늘고 있다는 점이고, 다른 하나는 제조업 고용보다 서비스 부문 고용이 더 빠르게 증가한다는 점이다. 두 경향을 혼동해서는 안 된다. 많은 서비스직 노동자들(버스 운전사, 항만 노동자, 청소부 등)은 육체노동을 하고, 상당수 제조업 노동자들(공장의 현장감독, 설계 사무소 직원 등)은 화이트칼라다. 그러나 제조업 육체노동자들만을 노동계급으로 보는 사람들은 계급 구조 내의 상황 변화를 이러한 경향들 때문에 잘못 이해할 수도 있다.

산업 구조조정으로 노동은 크게 바뀌었지만 자본주의가 기업간 경쟁에 바탕을 두고 있는 체제라는 사실은 변함이 없다. 경쟁 때문에 기업들은 노동자들한테서 이윤을 최대한 쥐어짜내려고 애쓴다. 한 부문에서 노동자들의 규모가 늘어나면 이윤 창출 압력도 커진다.

19세기에 화이트칼라 업무가 비교적 소수의 남성 사무원들이 누릴 수 있는 특권이었을 때는 이들의 급여와 노동조건이 육체 노동자들보다 나았다. 그러나 21세기 자본주의는 판에 박힌 일을 하는, 엄청나게 많은 화이트칼라 노동자들에게 의존한다. 많은 화이트칼라 노동자들이 은행, 보험회사, 광고대행사에서 사기업을 위해 일한다. 또 다른 노동자들은 국가에 고용돼, 다음 세대 노동자들을 훈련시키고, 세금을 징수하고, 재산을 보호하고, 노동자들의 건강을 유지시키는 등 체제 전체를 위해 중요한 기능들을 담당한다. 국가에 고용된 노동자도 육체노동자와 똑같은 방식으로 착취당한다. 방직공장, 제철소, 자동차 생산 라인에서 개발된 업무 평가 방식이 공무원, 교사, 심지어 대학 교원들에게까지 적용된다.

이런 변화가 가져온 결과 하나는 이 노동자들이 이제 노동계급에 전형적인 형태의 투쟁을 벌인다는 점이다. 영국에서는 1960년대 말까지 교사, 공무원, 강사, 언론인, 간호사, 지방 정부 소속 화이트칼라 노동자 등의 파업이 거의 알려지지 않았다. 지난 30여 년 동안 이들의 파업도 전통적 육체노동자들의 파업과 마찬가지로 흔한 일이 됐다.

현대 자본주의 사회는 찰스 디킨스의 소설에 묘사되거나 마르크스의 분석 대상이었던 19세기 사회와 마찬가지로 명백히 두 주요 집단으로 나뉘어 있다. 한편에는 자신이 원하는 대로 여유로운 삶을 누릴 만큼 충분히 부유한 소수가 있고, 다른 한편에는 그 소수를 위해 일해야만 먹고살 수 있는 절대 다수의 사람들이 있다.

사회에서 이러한 계급 분할은 그 어떤 것보다 더 중요하다. 사람들이 자신의 삶을 얼마나 통제할 수 있는지는 그 분할에 달려 있다. 다시 말해 진정한 선택을 즐기는지 아니면 무슨 일을 하든 타인을 위해 일할 수밖에 없는지가 결정되는 것이다. 심지어 계급 분할은 기대수명에도 영향을 준다. 오늘날 영국 사용자의 기대수명은 다른 사람들보다 평균 10년이나 더 길다. 계급 분할은 입는 옷, 먹는 음식, 운전하는 자동차, 소유한 물건의 질에도 영향을 준다. 대개 계급을 식별해 주는 지표들은 모두 이러한 분할의 결과다. 이 근본적 분할에 따라 영국을 분석하면 75퍼센트가 넘는 사람들이 소수에게 노동력을 팔아 생계를 유지해야 하는 노동계급이다.

서비스 부문 피고용자나 월급쟁이들이 모두 노동자인 것은 아니다. 어느 사회든 하층인 다수와 상층인 소수 사이에 있는 집단이 존재한다. 노예제 사회에서는 노예 소유주와 노예만이 아니라 노예를 감독하는 계층도 있었는데, 이들은 노예를 착취해서 얻은 부에서 적은 몫을 차지했다. 자본주의 사회에서도 대자본가들뿐 아니라 소자본가나 자영업자 집단도 있다. 또한 대자본이 착취하는 데 도움을 주는 대가로 자신의 노동력 가치보다 더 많은 임금을 받는 관리자, 고급 공무원, 경찰 관료 등이 있다. 이 계층은 관료적 위계질서를 통해 조직된다. 그 상층에 있는 자들은 전적으로 착취의 결실을 즐기고, 대자본과 이해관계가 같다. 그 하층에 있는 사람들은 착취에서 아무 이득도 얻지 못하며 자신의 아래에 있는 육체노동자나 화이트칼라와 이해관계가 더 비슷하다. 하위 관리직과 생산 라인 관리자는 자신의 명령을 따르는 노동자들보다 월급을 조금 더 많이 받기는 하지만, 똑같은 공공서비스에 의존하고 직장폐쇄나 정리해고 때 위태롭기는 매한가지다.

    이 같은 중간층이 있기 때문에 착취계급과 피착취계급의 근본적 분할이 흐려진다. 그러나 언덕과 계곡 사이에 비탈이 있다고 해서 언덕과 계곡의 구분이 불필요하지 않듯이 중간계급이 존재한다고 해서 착취·피착취 계급의 구분이 불필요해지는 것은 아니다. 이런 중간계급은 결코 사회의 다수가 아니라 기껏해야 인구의 15~20퍼센트 정도를 차지할 뿐이다.

불안정과 투쟁

오늘날 노동자에 대한 또 다른 흔한 주장은 세계화 때문에 노동계급의 고용 불안정이 너무 심해져서 과거처럼 전투적인 노동자 조직을 건설할 수 없다는 것이다. 노동자들은 국가에 도전하기는커녕 개별 사용자에 맞서 싸울 수도 없다는 것이다.

이 주장에는 서로 연관된 두 가지 오류가 있다. 노동자들은 고용 불안 수준이 무척 높을 때도 사용자들에 맞서 싸우고 조직하는 데 때때로 성공했다. 1889년 런던 항만 노동자들의 사례를 보자. 당시 항만 노동자의 고용은 결코 안정적이지 않았다. 개러스 스테드먼 존스는 ≪아웃캐스트 런던Outcast London≫에서 1888년 의회 특별위원회가 항만 노동자들의 노동조건을 조사한 내용을 인용했다.

부두에서 일자리를 얻으려면 흔히 뇌물과 연줄이 필요했다. 저녁에 감독관에게 맥주를 대접해야 다음날 일거리를 얻을 수 있었다. 임시직 노동자들은 자신을 알아보는 감독관이 있는 출입구에서 날마다 일거리를 찾았다. 이렇게 한다고 해도 늘 일거리를 얻을 수는 없었다. 왜냐하면 감독관이 임시직 인력 풀을 넓히려고 언제나 일정 비율의 외지인들을 고용하기 때문이다. 한편, 감독관은 임시직 노동자가 오랫동안 결근하면 그를 모른 체하고 일거리를 주지 않는 방식으로 처벌했다. 이렇게 감독관에 대한 임시직 노동자들의 불안정한 의존 때문에 임시직 고용 형태가 별 탈 없이 유지됐다.

개혁주의 단체인 페이비언협회[1884년 창립한 영국의 점진적 사회주의 조직]의 창립자 중 하나인 비어트리스 웨브는 1887년 항만 노동자들의 처지가 "매우 절망적"이라고 묘사했다. "사용자들은 만족했지만, 노동자들은 만족은커녕 조직조차 돼 있지 않았다."

1904년 말 러시아 수도 페테르부르크의 철강 노동자나 섬유 노동자의 고용 조건도 런던 항만 노동자와 다를 바 없었다. 역사학자 제럴드 서는 다음과 같이 썼다.

페테르부르크에서 공장 노동자의 이직률은 무척 높았던 듯하다. …… 미숙련과 반半숙련 노동자들은 더 쉽게 대체됐기 때문에 이들의 이직률은 대개 더 높았다. …… 작업장에는 조직도 없었고 따라서 보호 조치도 없었기 때문에 노동자와 감독관, 관리자 사이의 불가피한 다툼은 …… 번번이 해고와 사직으로 …… 마무리됐다.※

※ Gerald Surh, *1905 in St Petersburg* (Stanford, 1989).

이 두 경우 모두 대중 파업이 상황을 변화시키고 다른 노동자 수십만 명이 자주적 조직을 건설하게끔 고무했다. 1889년 런던 항만 노동자들은 파업으로 런던의 국제 교역을 5주간 마비시켜 경제적 요구를 쟁취했고, 조합원이 2만 5000명이나 되는 노동조합을 건설했다. 비어트리스 웨브는 당시 변화를 다음과 같이 강조했다.

노동자들이 조직을 통해 이루어 낸 것은 임금 상승이나 고용조건의 개선만이 아니었다. …… 임시직 노동자들을 대하는 사용자들의 태도가 달라진 것에서도 그 효과가 드러났다.

페테르부르크에서는 이러한 변화가 훨씬 더 극적이었다. 1904년 푸틸로프 공장에서 경영진이 한 목세공木細工을 해고하자 미조직 노동자들의 행동이 분출하기 시작했다. 제럴드 서는 당시 상황을 이렇게 설명했다. "1월 2일 대중 집회에는 6000여 명이 참석해 열띤 분위기 속에서 푸틸로프 공장의 파업 찬성에 표를 던졌고 …… 1월 7일 금요일에는 382개 공장이 파업에 돌입했다." 차르의 군대가 평화 시위대에 발포하자 파업이 도시 전역으로 확산됐고, 제정을 거의 전복할 뻔한 혁명적 격변의 해가 시작됐다.

집단적으로 맞서 싸울 수 있는 힘을 갑자기 자각하는 일은 구조 변화를 겪은 21세기의 노동계급에게도 얼마든지 일어날 수 있다. 이미 우리는 그런 일이 일어나는 것을 힐끗 보았다. 2003년과 2005년 볼리비아 항쟁의 최전선에는 엘알토라는 도시의 소규모 작업장 노동자들이 있었다. 2006년 봄에는 방글라데시의 대규모 섬유 공장들에서 뜻밖의 파업과 반란이 일어났고, 2007년 1월 이집트에서는 노동자들이 파업과 동시에 공장을 점거했다.

분명히 자본주의의 구조조정으로, 오래된 산업 부문이 위축되고 과거 가장 잘 조직된 노동자 집단의 힘이 약해질 수 있다(1980년대 중반 영국의 신문 인쇄 노동자들과 광부들이 패배하면서 그런 일이 일어났다). 그러나 다른 한편, 그 구조조정의 결과로 새로운 노동자 집단의 중요성이 커진다. 1970년대에 영국에서는 아무도 우편 노동자와 지하철 노동자를 전투적이거나 영향력 있는 집단으로 여기지 않았지만 최근에는 상황이 달라졌다. 현재 거의 조직되지 않은 노동자 집단들, 즉 금융회사, 콜센터, 대형마트에서 일하는 노동자들도 언젠가 이러한 일을 겪게 될 것이다. 자본주의 자체의 동학 때문에 착취받고 억압받는 노동자들은 불만을 품기 마련이고, 그 괴로움은 언젠가 폭발할 수밖에 없는 것이다. 핵심은 투쟁이 벌어질 것인가가 아니라 그 투쟁의 성공 여부다.

고용 불안 때문에 노동자들이 투쟁을 꺼린다는 주장의 두 번째 주요 오류는 대부분의 나라에서 임시직 노동자가 차지하는 비중이 낮다는 점이다. 국제노동기구ILO의 연구는 다음과 같이 결론지었다.

1990년대 전반기에는 임시직 고용 형태가 상당히 증가한 반면 1995~2000년에는 상용직과 임시직 고용 비율이 거의 변하지 않았다(상용직 82퍼센트, 임시직 18퍼센트).

위 평균에서는 나라마다 큰 차이가 있음이 드러나지 않는데, 스페인은 불안정 고용 비중이 높은 편이어서 35퍼센트에 달한다. 영국 정부의 통계간행물 〈소셜 트렌즈 Social Trends〉를 보면 다음과 같은 수치가 나온다. "2000년에 노동자의 92센트가 상용직인 데 비해 8년 전에는 노동자의 88퍼센트가 상용직이었다."

심지어 해마다 일자리를 찾아 수많은 노동자들이 농촌을 떠나 도시로 몰려드는 인도와 파키스탄 같은 제3세계 나라에서도 일부 분야의 고용은 비교적 안정돼 있다. 사용자들은 사업이 잘 될 때 경쟁업체 사용자들이 숙련노동자를 빼 가는 것을 막고, 애사심을 고취시켜 전투성을 누그러뜨리려고 고용 안정을 보장하려 한다. 어쨌든, 전에 리즈 공장의 한 직장위원이 내게 "우리 회사는 영국 최고의 회사입니다"라고 말한 데서 드러나듯이 노동자들이 애사심을 가진다면 사용자에게 이롭기 때문이다.

최근 경제 위기로 일부 나라에서는 임시직이 증가했다. 그렇지만 이것은 자본주의 전체의 거스를 수 없는 추세도 아니며, 노동자들의 조직화와 체제에 대한 도전을 막을 수도 없을 것이다.

세계화와 노동자

흔히 세계경제의 세계화로 말미암아 기업들이 공장 가동을 중단하고 다른 곳으로 이전할 수 있으므로 노동자들이 전처럼 기업에 맞서 싸울 수 없을 것이라고들 말한다. 분명히 세계화 덕분에 금융회사와 투기꾼들이 컴퓨터 클릭 한 번으로 엄청난 금액을 다른 나라로 옮길 수 있게 됐다.

또, 한 나라의 기업이 다른 나라 기업을 인수·합병하는 경향도 있다. 그러나 돈을 옮기는 것보다 생산 기지를 옮기는 것이 훨씬 어렵다. 생산자본은 공장, 기계, 광산, 항만, 사무실 등으로 이루어진다. 이런 것들은 갖추는 데만 몇 년씩 걸릴 뿐 아니라 간단히 폐기할 수도 없는 것들이다. 기업은 때때로 기계나 설비를 이전할 수 있다. 그러나 이 과정은 대체로 무척 힘든 과정이다. 이전한 곳에서 설비를 가동하기 전에 노동자를 고용해야 하고 되도록 충분히 숙련된 노동력으로 훈련시켜야 한다. 그 사이에 옛 공장에 대한 투자는 손실 처리되고, 신규 설비투자는 아직

수익을 올리지 못한다.

　게다가 생산과정이 완전히 자족적인 경우는 드물다. 생산과정은 외부에서 오는 원자재·부품과 유통망의 확보에 좌우된다. 그래서 기업은 자동차 공장을 설립하기 전에 쓸 만한 철강의 공급, 볼트와 너트의 안정적 공급처, 적절하게 훈련된 노동력, 안정적인 전력과 물 공급, 신뢰할 만한 금융 시스템, 최종 완제품을 옮길 도로망과 철로망을 확보해야 한다. 다른 기업들과 정부를 설득해서 이런 것들을 확보해야 하고, 그렇게 하는 데만 몇 개월 또는 몇 년의 협상이 필요하다. 다국적기업이 이런 자산을 내팽개치고 머나먼 외국의 인건비가 약간 싸거나 그 나라 정부가 더 기업 친화적이라는 이유로 외국에서 그런 자산을 찾으려 하는 것은 쉽지 않은 일이다. 그렇게 하려면 시간과 노력이 들고 비용을 감당해야 한다. 사람들이 흔히 생각하는 것과 달리 생산자본은 자유롭게 이동할 수 없는 것이다.

　미국에서는 기업들이 생산 시설을 쉽사리 해외로 옮길 수 있다는 주장이 널리 퍼져 있다. 그러나 경제학자 팀 코클린에 따르면 미국의 생산적 해외 투자는 전체의 8퍼센트 미만이다. 일자리 부족의 주된 요인은 기업이 기존 공장의 노동자들을 감원하거나 일부 공장을 폐쇄하고 나머지 공장에 생산을 집중하기 때문이다.

　영국에서도 이런 양상은 매우 비슷하다. 지난 30년간 제조업 노동자는 절반이나 줄었지만 총 생산량은 감소하지 않았고 노동자 1인당 생산성은 30년 전보다 두 배나 높아졌다. 달리 말해 자본주의 체제에서 노동자 개인의 중요성이 과거보다 더 커진 것이다. 해외로 이전할 수 없는 중요한 일자리도 많다. 예컨대 건설, 신문 인쇄, 항만, 공무원, 우편과 통신, 지방정부, 교육, 청소, 식료품 유통, 슈퍼마켓 등이 그렇다. 사실, 콜센터도 일부 작업은 인도로 옮겨 갔지만 영국 내 콜센터의 고용 또한 계속 늘고 있다.

물론 기업들은 이전하기도 하고 투자도 늘 같은 장소에만 국한되는 것은 아니다. 기업은 구조조정을 통해 새로운 지역, 때에 따라 해외로 생산 설비를 옮기기도 하며 이런 추세는 향후 몇 년간 지속될 가능성도 있다. 그러나 이를 실행하려면 비용이 들고 결코 쉬운 일도 아니다. 구조조정을 하는 기업들은 대체로 낡은 공장에서 새 공장으로 이전할 때도 조금씩 옮기려 하고, 공급과 유통망을 온전히 유지하면서 혼란을 최소화하려고 서서히 진행시킨다. 이 과정에서도 노동자들은 생산을 멈추고 구조조정의 대가를 치르게 하려는 자본가들의 시도에 맞서 싸울 힘이 있다.

국가 간 자본 이동의 가장 중요한 효과는 이 때문에 경제적 불안정성이 높아지고 사람들이 더욱 불안해한다는 것이다. 기업들은 흔히 이 점을 이용해 실제 의도는 없으면서도 생산 기지 해외 이전을 들먹이면서 노동자들의 사기 저하와 열악한 노동조건 감수를 기대한다. 노동자들은 기업주들의 그러한 위협에 개의치 않아야 고용 불안 없는 세상을 쟁취할 수 있는 자신들의 힘을 자각할 수 있다.

06

계급과 계급의식

노동계급은 사회의 다수다. 노동계급에게는 체제를 뒤흔들 힘이 있다. 노동계급의 구성이 아무리 바뀌더라도, 노동계급은 패배와 구조조정의 타격을 결국 극복할 것이다.

안타깝지만, 그렇다고 해서 노동계급 대다수가 기성 체제를 더 나은 체제로 바꿀 힘이 있다고 분명히 자각한다는 것은 아니다. 오히려 정도 차이는 있지만 사람들은 대개 자본주의 사회의 사상(인종차별, 성차별, 경쟁과 탐욕, 다른 생활 방식은 불가능하다는 따위의 생각 등)을 받아들인다. 이에 대해 칼 마르크스는 다음과 같이 말했다. "지배적인 사상은 지배계급의 사상이다."

노동조합 같은 노동계급 조직들은 평상시에 자본주의 언론과 경쟁하는 데 필요한 자원을 전혀 통제하지 못한다. 이런 시기에는 소수만이 체제 전체에 도전하는 사상을 받아들인다. 다수는 자본주의 언론이 떠들어 대는 것을 대부분 당연하게 여기고 받아들인다.

노동을 해서 자본주의를 떠받치는 사람들이 자신들에게 체제를 마비시킬 힘이 있음을 깨닫는 때는 체제의 이런저런 측면에 맞서 싸울 때뿐이다. 오직 그런 연후에야 다수의 노동자들은 자신의 이해관계가 자본가의 이해관계와 충돌한다는 것을 명백히 알게 된다. 투쟁을 통해서 노동자들은 체제에 도전할 수 있다는 것, 이윤 추구와 경쟁을 스스로 조직하는 민주적 사회로 대체하려고 단결하는 것이 하나의 계급으로서 공통의 이해관계라는 사실을 깨닫게 된다. 투쟁을 통해서 사람들은 사회를 변혁할 집단적 힘을 깨닫게 되는 것이다.

모순된 의식

이탈리아의 혁명적 사회주의 역사에서 핵심 인물인 안토니오 그람시˙는 대다수 노동자들이 "모순된 의식"을 지닌다고 설명했

˙ 1937년 그람시가 사망한 뒤 개혁주의 정치인과 학자들은 그람시의 사상을 정반대로 곡해했다. 자세한 내용은 www.isj.org.uk에서 내가 쓴 소책자 ≪그람시 대 개혁주의≫(Gramsci versus Reformism)를 참조하

다. 한편으로 노동자들은 자본주의 사회에서 교육받고 자라면서 그 사회의 통념을 대부분 당연하게 받아들인다. 다른 한편으로 노동자들은 단결해서 조금이나마 자신에게 이득이 되도록 세상을 바꾸려는 집단적 투쟁을 경험하기도 한다. 어떤 경험은 개별적으로 겪은 직접적 경험이고 어떤 경험은 작업장, 지역사회, 노동조합 같은 조직 내에서 윗세대에서 아래 세대로 전수된다. 이제껏 파업 경험이 없었던 노동자들이 연대와 단결의 언어를 익히기 시작하고 피켓라인[파업할 때 대체 인력이 작업장에 들어가지 못하도록 막는 시위]을 우호적으로 바라보고, 파업을 방해하는 자들을 '스캡[파업 불참자나 대체 인력을 모멸적으로 일컫는 말]'이라 부르기도 한다. 이렇듯 평범한 노동자들의 정신에는 미래를 지향하고 집단적 투쟁과 조직을 중요하게 여기는 요소도 있고, 계급사회와 그 편견을 떨치지 못하는 퇴행적 요소도 있다.

 거대한 투쟁이 벌어지면, 사회 변혁 사상에 귀를 기울이는 사람들이 엄청나게 늘어난다. 대중 파업과 자생적 항쟁으로 말미암아, 투쟁의 다음 단계를 둘러싼 논의가 전례 없이 높아진다. 처음으로 사람들은 상황을 변화시킬 수 있는 힘을 느낀다. 모든 곳에서 정치적 발언들이 쏟아져 나온다. 사람들이 줄 서 있는 버스 정류장마다, 상점, 공장, 사무실, 학교 등 사람들이 모인 곳 어

시오[국역: ≪곡해되지 않은 그람시≫, 다함께].

디서든 혁명적 시기가 아니라면 상상하기 힘든 일들이 벌어진다. 나는 1968년 5월 프랑스, 1975년 포르투갈(사회주의 신문이 나오면 날개 돋친 듯 팔렸다), 2001~2002년 아르헨티나에서 사람들이 수많은 지역 민중의회에 모여 투쟁의 다음 단계를 열띠게 토론하던 모습이 아직도 생생하게 기억난다.

기성 체제에 대한 염증이 파업·시위 경험과 맞물리면 노동자들은 스스로 사회를 집단적·민주적으로 운영할 수 있다는 생각을 선뜻 받아들이게 된다. 사람들이 투쟁을 벌일 때마다 사회주의 사상은 노동계급의 경험과 잘 들어맞는다.

그러나 혁명적 사회주의 사상만이 득세하는 것은 아니다. 지배계급 언론은 오래된 분열 지배 전략을 이용해서 인종적·종교적 소수자들을 희생양으로 삼거나, 사회주의자에 대한 비방을 퍼뜨리거나, 먼저 행동에 나선 사람들과 투쟁하지 않는 사람들 사이의 갈등을 부추긴다. 예를 들어, 1905년 러시아에서는 파업이 벌어지고 소비에트가 처음으로 등장하자, 차르 정부는 극우파와 손잡고 유대인 학살을 부추겨서 혁명운동을 피하려 했다. 오늘날 우리는 체제에 맞선 투쟁의 부활만이 아니라 인종적·종교적 소수자에 대한 폭력도 볼 수 있다. 예컨대, 유럽과 미국에서는 이슬람 혐오가 있고, 파키스탄에서는 기독교인과 시아파 무슬림이 공격당하고, 아르헨티나에서는 볼리비아와 파라과이 출신 이주노동자들을 추방하자는 시위가 벌어지며, 영국에서는 망명 신청자들을 마녀사냥하고 있다. 사람들은 우리가 사는 세계의 핵심 문제가 자본주의 착취가 아니라 종교인 양 취급하는 사상에 의지해 이런 끔찍한 일들에 대응할 수도 있다. 따라서 혁명적 사회주의 사상은 반ㄡ체제 소요 과정에서 확산될 수도 있지만 쟁취해야 할 대상이기도 하다. 사상 투쟁은 항상 벌어지기 마련이다.

개혁주의

자본주의 반대와 지지 사이에서 줄타기하는 사람들은 항상 있었다. 이들은 사회가 자본주의적이지 않게 바뀌어야 하지만 천천히, 즉 정면 충돌이 아니라 협상을 통해 합법적으로 바뀌어야 한다고 말한다. 이는 유럽 대륙의 사회민주주의 정당들과 영국의 "구노동당"[토니 블레어가 주도한 신노동당과 구별하는 표현]의 견해였다.

노동자들의 대변인 행세를 하면서 기성 질서 안에서 경력을 쌓는 정치인들이 그러한 개혁주의 사상을 조장한다. 이들은 기성 국가 틀 안에서의 점진적 개혁을 옹호하는 데 이골이 났으며, 그래서 체제에 도전하는 운동이 분출하면 그것을 개혁주의 방향으로 이끌려고 애를 쓰기 마련이다. 이것은 때로는 이들이 지배계급의 많은 가치들을 내면화한 탓이기도 하고 때로는 개혁을 위한 투쟁에 익숙해져서 다른 대안을 떠올릴 수 없는 탓이기도 하다. 어쨌든 개혁주의자들은 운동이 국가에 도전하는 것을 막기 위해 운동을 길들이려 한다. 모든 계급의 협력을 호소하는 대다수 언론들이 개혁주의자들의 이런 노력에 힘을 보탠다.

그러나 이런 개혁주의가 대중에게 강요되기 때문에 대중이 혁명적이지 않은 것이라고 이해해서는 안 된다. 개혁주의는 계급사회에서 종속적인 사회집단이 처한 위치에서 비롯되는 것이다. 그들이 계급사회에서 받아들인 사상과 저항해서 얻은 사상 사이의 의식 모순을 누그러뜨리려 하는 데서 개혁주의가 비롯하는 것이다. 개혁주의는 모순된 의식의 체계적인 정치적 표현이며, 정치인들은 저마다 나름의 목적을 위해 개혁주의를 이용한다.

노동조합 관료

개혁주의는 정당에만 국한되지 않는다. 노동조합 또한 개혁주의 방향으로 이끌린다. 자본주의 사회의 구조 전체가 사람들의 노동에 달려 있다. 그래서 작업장에서 노동 방식에 도전하는 것은 곧 이러한 사회구조에 도전한다는 뜻이기도 하다. 노동조합은 작업장에서 사람들을 조직함으로써 사회의 기초 자체에 의문을 제기하기 시작한다. 이를 두고 레닌은 모든 파업에는 "혁명이라는 히드라의 머리"가 숨어 있다고 썼다.

그러나 자본주의에서는 사람들이 일할 수 있는 능력(마르크스의 용어로는 '노동력') 또한 상품이다. 사과와 토마토가 무게 단위로 사고팔리듯이 노동력도 시간 단위로 사고팔린다. 노동력의 가격을 흥정하는 것은 시장에서 여느 상품 가격을 흥정하는 것과 다를 바 없어 보인다. 그래서 중요한 것은 상품 소개와 관리 체계라는 통념, 즉 혁명적 선동가가 아니라 전문적 협상가가 중요하다는 통념이 부추겨진다. 따라서 노동조합 기구는 기성 사회 안에서 전문가들이 운영하는 제도적 구조가 된다. 노동조합의 두 가지 구실은 노동자를 조직하는 것과 고용조건을 두고 자본가와 협상하는 것이다. 노동조합은 노동자를 대신해 사용자와 중재에 나선다.

이런 노동조합주의는 노동자들이 자본주의 사회의 사상과 절연하지 않는 한 노동자들에게 매력적으로 보인다. 노동조합주의는 혁명적 행동 없이 노동조건을 개선시킬 수 있다는 개혁주의적 희망을 제시하는 듯하다. 그러나 그러한 매력은 노동계급만이 아니라 자본가 집단을 향한 것이기도 하다. 모든 지배계급은 저마다 나름대로 모순된 압력에 직면한다. 지배계급은 나머지 계급을 착취하거나 지배할 무제한의 권력을 원하지만 착취와 지배를 안정적으로 지속하는 데는 노골적인 힘만으로는 부족하다. 대중의 일부가 참여하는 중재 기구가 필요한 것이다. 레닌과 그람시가 지적했듯이 지배계급은 지배 기구뿐 아니라 헤게모니 기구도 필요하다.

예컨대, 중세 유럽의 봉건 지배계급은 결국 일부 상인과 장인 계급이 권한이 제한된 기구(길드와 자치도시 등)를 설립할 수 있도록 허용했다. 지배계급은 이 기구를 운영하는 자들을 하층으로 여기면서도 그 기구 위계 내에서의 지위를 존중해 주었다. 그러면 위계질서 전체를 받아들이게 할 수 있다고 보았기 때문이다. 이 방식은 수십 년, 심지어 수백 년 동안 효과가 있었다. 가장 성공한 상인들은 돈으로 봉건사회에 진입하려 했지 봉건사회를 전복하려 하지는 않았다.

자본가들은 대개 처음으로 조직을 만들려는 노동자들의 시도를 모두 좌절시키려 한다. 일부 자본가들은 이런 생각을 끝까지 고수한다. 반면, 다른 자본가들은 불만에 찬 노동자들이 돌변해서 자본가들에게 지장을 주는 뜻밖의 행동을 할 수 있음을 안다. 자본가들은 노동자 조직을 체제에 결속시킬 중재 기구의 필요성을 이해한다. 그래서 다양한 특전으로 노동조합 간부들을 구워삶는다. 전 인쇄노조 지도자였던 브렌다 딘은 지금 영국 상원의원이고, 전 운수노조 지도자였던 빌 모리스는 영국 중앙은행 이사다. 이러한 필요성에 비추어 보면 1980년대 대규모 파업에서 광원노조 지도자였던 아서 스카길처럼, 안온한 관계에 도전하는 노동조합 지도자들을 언론과 사법부가 공격하는 이유를 알 수 있다. 당근과 채찍 전략은 노동조합 관료 집단이 체제를 받아들이게 만든다. 물론 노동조합 지도자 개인은 마지못해서 체제를 받아들일 수도 있고 열렬하게 받아들일 수도 있다.

노조 관료는 중재자 구실을 당연하게 여긴다. 노조 관료는 기업의 관리 체계를 고스란히 반영한 임금과 직무 체계를 발전시키는 한편, 노조 기구와 그 자산, 봉급을 위협할 수도 있는 충돌이 벌어지는 것을 점차 꺼리게 된다. 영국 노동조합 운동의 역사를 다룬 고전을 쓴 시드니·비어트리스 웨브는 노동조합 상근간부가 된 노동자들이 겪는 변화를 다음과 같이 서술했다.

현장 쟁점은 상근 간부의 급여나 고용조건에 더는 영향을 주지 못하는 반면, 조합원과 사용자 사이에 분쟁이 일어나면 상근 간부의 일거리와 걱정거리가 늘어난다. 직공 시절의 궁핍과 굴종에 대한 생생한 기억들은 서서히 희미해지며, 점차 조합원들의 불만을 뻬딱하고 철없는 짓으로 여기기 시작한다. 이러한 의식 변화와 함께 더 불공평한 관행도 생겨난다. 요즘 대형 노조의 유급 간부들은 중간계급에게 환대를 받고 아첨을 듣는다. 중간계급의 저녁식사에 초대받고, 중간계급의 잘 꾸며진 집, 멋진 카펫, 안락하고 화려한 삶을 동경한다. …… 이들은 하층 중간계급의 교외 거주지에 있는 작은 주택으로 이사한다. 새로운 이웃들의 관습에 익숙해지면서 자신도 모르는 사이에 점점 더 중간계급의 사상을 받아들인다. 서서히 조합원들과 불화를 겪게 된다. …… 그들은 현장조합원들과의 불화를 불평분자들의 영향 탓으로 돌리거나 어쩌면 젊은 세대의 무모한 생각 때문이라고 여기게 된다.*

웨브의 분석은 여러 번 입증됐다. 1926년에는 영국 계급투쟁 역사상 가장 중요한 사건 중 하나인 '총파업'이 벌어졌다. 당시 산업 노동자 10명 중 1명이 광원이었는데, 광산 소유주들은 노동시간 연장이나 임금 삭감 등에 반발하는 노동자들이 모두 굴복할 때까지 직장을 폐쇄하겠다고 선언했다. 보수당 정부는 광산 소유주들을 지지하면서 모든 노동자가 임금 삭감을 받아들여야 한다고 공표했다.

전국의 노조 지도자들은 영국노총TUC이 조직한 특별 회의에 참석해 광원들을 지지하는 강력한 성명서를 채택하고 전체 조합원의 파업을 호소했다. 운수 노동자가 제일 먼저 파업에 돌입했고 다른 부문으로 파업이 확대됐다. 수많은 노동자들이 파업에 참여하자 온 나라가 마비됐다. 그러나 노조 지도자들은 결코 기뻐하지 않았다. 철도노조의 지미 토머스 같은 일부 지도자들은 정부와 대자본만큼이나 파업을 두려워했다. 토머스는 영국노총

* Sidney and Beatrice Webb, *A History of Trade Unionism*(1894)[국역: 《영국 노동조합운동사 상·하》(형성사, 1990)].

지도자 월터 시트린에게 이렇게 말했다. "파업은 반反국가적 행위요. 국가가 최고여야 하오." 토머스는 훗날 다음과 같이 썼다. "내가 정말로 두려워한 것은 파업이 혹시라도 파업을 어느 정도 통제할 줄 아는 사람들[노조 관료들]의 손에서 벗어날지도 모른다는 점이었다." 영국 지방자치단체노조GMWU의 지도자 역시 비슷한 태도를 보였다.

파업은 날마다 확대됐고, 파업 통제는 책임 있는 지도부의 손을 떠나 권위도 없고 통제력도 없고 운동을 완전히 만신창이로 만드는 사람들의 수중으로 넘어가고 있었다.

이 노조 지도자들은 정부와 함께 술책을 부려서 자기 계급이 승리하지 못하게 방해했다. 그들은 9일 만에 총파업을 끝냈다. 파업 동력이 전혀 약해지지 않았는데도 그렇게 했다. 오히려 영국노총이 총파업을 철회한 뒤에도 하루 동안에만 10만 명이 새로 파업에 들어갔다. 영국노총은 광원들이 9개월 동안 홀로 싸우도록 방치했다가 결국 이들이 굴복해서 임금 삭감과 노동시간 연장을 받아들이거나 아니면 실업자가 되게 만들었다. 다른 사용자들은 지역 수준에서 파업을 조직한 노동자들을 마음대로 해고했다.

거의 60년이 지난 1984~1985년 광원 파업도 놀랄 만큼 비슷하게 전개됐다. 광원들은 탄광 산업과 지역사회를 폐허로 만들 탄광 폐쇄에 맞서 1년 동안 필사적으로 싸웠다. 1984년 영국노총 대의원대회에서 노조 지도자들은 광원 파업을 열렬히 지지한다고 선언했지만, 일부 노조 지도자들은 탄광 밖에서 은밀히 광원들과의 연대를 방해하고 파업을 약화시켰다. 당시 석탄공사 사장이자 광원 파업을 공격하는 데 앞장섰던 이언 맥그리거는 이렇게 말했다. "나랑 허심탄회하게 대화할 만한 노조 지도자들이 제법 있었다." 그 결과는 20세기 영국 노조 운동 사상 두 번째로 큰 패배였고, 그 뒤 20년 동안 노동조합은 약화되고 노동자들은 사기저하됐다.

그렇다고 해서 패배의 책임이 자본가 계급에게 자신을 팔아 버린 노조 지도자들에게만 있는 것은 아니었다. 더 정직한 노조 지도자들이 다른 지도자들과 결별하기를 꺼려서 현장조합원들을 고무해 투쟁을 진전시키지 못한 데도 책임이 있었다. 이들은 결정적 상황에 직면했을 때 자본주의를 지지하는 동료 지도자들과 마찬가지로 투쟁을 끝까지 밀어붙이지 않으려 했다. 1926년 총파업을 방해하려고 무진 애를 썼던 철도노조 지도자 지미 토머스는 총파업이 끝난 후에 제2 철도노조[사무·감독·기술직 노조]의 좌파 지도자도 자신만큼 간절히 파업을 끝내고 싶어 했다고 술회했다.

이런 중요한 투쟁에서 드러난 진실은 임금이나 정리해고를 둘

러싼 비교적 덜 중요한 투쟁에서도 마찬가지다. 노조 상근간부들은 일반 노동자를 대표해 협상하는 기구의 일부다. 이들은 경영진에게 요구 사항을 압박하기도 하는 동시에 경영진이 양보할 만한 안을 노동자들에게 설득하기도 한다. 이런 특징 때문에 노조 지도부는 노조원들의 투쟁 열의가 아니라 자신들의 협상 기술을 강조하고, 사용자와 대결을 회피하는 길을 찾는다. 그래서 노동조합 기구를 보존하려고 조합원들을 희생시키는 일이 거듭됐던 것이다. 노조원을 보호할 수 없는 노동조합이라면 노조원들이 가입할 이유가 없기 때문에 당연히 약해질 수밖에 없는데도 말이다.

문제는 여기서 끝나지 않는다. 계급 사이에서 중재해야 하는 구조 때문에 긴장이 생길 수밖에 없고, 따라서 오락가락 행보를 할 수밖에 없다. 노동자들의 불만 때문에 관료주의의 보수성에 도전하는 새로운 활동가들이 끊임없이 등장한다. 심지어 우파 관료들도 조합원들의 불만을 일부라도 해소해 주지 못하면 사용자들에게 무시당할 것이라는 사실을 알고 있다. 그래서 이 관료들은 일체의 산업 투쟁에 반대하다가도 자신의 영향력을 유지할 목적으로 파업을 호소하기도 하고, 전투적 활동가를 마녀사냥하다가도 이들을 노조 상층부에 끌어들이려 하기도 한다. 한편, 노조 선거에서는 항상 현장조합원의 이익을 위해 투쟁하고자 하는 일부 간부들이 등장하기 마련이다.

그러나 노동조합의 보수적 성향은 변함없다. 노조 관료는 자신의 영향력을 과시하려고 파업을 선언했다가도 외부 탄압이 거세지거나 현장조합원들의 주도력이 커져서 자신의 처지가 위태로워지면 재빠르게 파업을 철회할 것이다. 그러면 좌파 노조 관료들은 갑자기 자신들이 고립돼 있고, 노조라는 지렛대를 이용해서 파업을 지속시킬 수 없다는 것을 깨닫게 된다. 바로 이 점 때문에 우파 지도자가 중요한 대결에서 투쟁 현장을 이탈하면서 중도파를 끌고 나가고 좌파 지도자들이 무력감에 빠져 독자적 행동을 하지 못하는 경향이 나타나는 것이다.

개혁주의의 모순된 구실

개혁주의 정당과 노동조합의 성장은 노동자들이 거둔 성과의 일부였다. 왜냐하면 노동자들이 자본주의 사회에서 나머지 계급들과 이해관계가 다른 노동자들 자신의 계급적 처지를 이해하게 됐기 때문이다. 1880년대와 1890년대 유럽 대륙에서 사회민주주의 정당들의 창당, 20세기 초 영국에서 노동당의 창당, 최근 브라질 노동자당 같은 조직들의 성장은 노동자들이 공공연히 자본가 정당을 지지하던 옛날과 비교하면 진보였다. 그러나 그 진보는 부분적 진보일 뿐이다. 그러한 정당들은 노동자들을 하나의 계급으로 조직하면서도 노동자들이 국가와 자본가 권력의 진정한 근원에 맞서 투쟁하지 못하도록 억누르려 한다. 개혁주의 정당들은 노동계급을 단결시키는 동시에 억제한다.

개혁주의는 경제 호황의 시기에 노동계급에 깊이 뿌리 내릴 수 있었다. 그 시기에는 자본가들이 노동계급에게 생활수준 향상을 양보하면서도 이윤을 늘릴 수 있는 듯했다. 개혁주의 정당과 노동조합 온건파들은 수많은 활동가들을 끌어들여 노동계급 조직을 건설했지만 자본주의 체제 전복 투쟁이 전혀 타당하지 않다고 생각했다. 그래서 서유럽에서는 제2차세계대전 이후 수십 년 동안 대다수 사회당원들과 자칭 공산당원의 다수가 사회주의로 가는 의회주의적 길이 있다는 생각을 받아들였다. 자본주의의 필요에 따라 전에 허용했던 생활수준 향상 조처들을 우파 정부들이 되돌리려는 개악이 시작될 때조차 개혁주의 정당들에 대한 지지도는 높았다. 개혁주의 정당들의 공약이 아무리 보잘것없더라도 그들은 '차악'처럼 보였다.

그러나 지난 10년 동안 노동당 정부와 사회민주주의 정부들은 번번이 노동자들의 지지를 잃으면서까지 개악 조처들을 밀어붙였다. 수많은 유권자들이 영국 노동당과 독일 사민당에 등을 돌렸고 그 당원 수십만 명이 당을 떠났다. 현재 그 다수는 정치에 기권하고 있지만, 적지 않은 소수는 독일 좌파당, 영국 리스펙트, 포르투갈 좌파블록, 프랑스의 여러 극좌파 정당, 브라질의 신생 사회주의와 자유당PSOL으로 대표되는 새로운 좌파 정치를 모색하기 시작했다.

낡은 개혁주의 정당들과 결별한 사람들이 반드시 개혁주의 사상과 깨끗하게 절연하는 것은 아니다. 개혁주의 정당의 현재 지도자들에 대한 환멸만으로 사람들이 개혁주의 사상에서 혁명적 사상으로 넘어오는 것도 아니다. 여전히 사람들은 더 훌륭한 지도자들이 있다면 개혁주의 방식이 효과가 있을 것이라고 믿는다. 그러나 이 환멸 때문에, 혁명적 관점을 옹호하는 사람들과 함께 정치적 저항을 조직하고 확산시키고 있다. 새로운 좌파 정치는, 체제에 공동으로 반대하는 사람들이 개혁이냐 혁명이냐 하는 논쟁의 해답을 모색할 수 있는 정치적 공간과 저항의 구심이 되고 있다.

07

혁명가의 구실

혁명은 사회주의 조직들이 아무리 헌신적으로 노력하더라도 그들의 노력만으로 일어나는 것은 아니다. 우리가 살펴봤듯이, 혁명은 거대한 사회적 위기로 "하층계급이 더는 옛날 방식으로 살고 싶어 하지" 않고 "상층계급도 더는 옛날 방식대로 지배할 수 없을" 때 일어난다. 자본주의의 현 단계인 세계화로 말미암아 지배계급은 더 큰 예측 불가능성과 불확실성에 직면했고, 세계 곳곳에서 피억압 대중의 고통이 가중되고 있다. 이 때문에 21세기에는 불가피하게 거대한 사회적 위기가 잇따를 것이다. 자본주의의 동학 때문에 격변들이 일어날 수밖에 없을 것이다.

그렇다고 해서 모든 격변이 항상 사회주의 혁명으로 이어지는 것은 아니다. 전혀 다른 방향으로 빗나갈 수도 있다. 우리가 살펴본 20세기의 격변도 대부분 사회주의 혁명으로 이어지지 않았다. 가장 최근에는 에콰도르, 아르헨티나, 볼리비아에서 벌어진 항쟁으로 노골적인 신자유주의 정부가 겨우 진보적 개혁을 약속하는 정부로 대체됐을 뿐이다. 그 이유는 사람들의 의식 속에 있는 모순이 격변의 시기에도 사라지지 않기 때문이다. 사람들의 뇌리에는 스스로 사태를 지배할 수 없다는 생각이 박혀 있다. 그래서 대다수 사람들은 정부를 끌어내린 뒤에도 새 정부(외견상 민중의 요구에 덜 적대적인 듯한)에 일단 희망을 건다.

수많은 사람이 사회를 어떻게 바꿀지 논쟁하는 와중에도, 오직 제한된 개혁만을 옹호하는 사상과 제도의 영향력이 지속된다. 투쟁 경험이 있는 노동자들은 개혁주의를 넘어서 체제와 대결할 필요를 깨닫기도 하지만, 처음으로 계급의식을 갖게 된 노동자들은 노동조합과 개혁주의 정당을 추종하기 십상이고, 노동조합과 개혁주의 정당은 자기 지지자들이 혁명적 대결로 나아가지 못하도록 제지한다. 때때로 급진적인, 심지어 혁명적인 언사로 포장한 이 개혁주의적 해법은 대중 항쟁이 처음 벌어진 이후에도 언제나 많은 사람들에게 호소력이 있다.

사실, 이와 같은 규모의 사회적 위기 때 대결을 회피하는 해결책은 가능하지 않다. 그럼에도 많은 사람들은 처음에 혁명가들보다 개혁주의자들이 더 현실적이고 덜 폭력적이라고 생각한다. 1917년 2월 러시아 차르를 타도한 봉기 후 민중은 전쟁 모리

배 르보프 공을 총리로 하는 정부를 지지했고 이후에는 자본주의를 온존시키는 데 급급한 변호사 케렌스키의 정부를 지지했다. 2001년과 2002년 아르헨티나에서도 한 달도 채 안 되는 기간에 기득권층 정치인 출신 대통령 4명을 잇따라 쫓아낸 대중이 결국 비슷한 출신의 대통령 두 명(두알데와 키르치네르)을 받아들였다.

운동은 분출 초기에는 단일하고 자발적인 것처럼 보이지만 항상 여러 세력들로 분화된다. 이 세력들은 이름이야 어떻든 사실상 세 부류, 즉 혁명적 정당, 반동적 정당, 그리고 그 사이에서 우왕좌왕하는 개혁주의 정당으로 나뉜다.

정당 때문에 노동자들의 자발적 행동이 약화된다고 주장하면서 정당의 존재에 반대하는 진지한 혁명가들도 있다. 그러나 모름지기 진정한 대중운동이라면 향후 과제에 대한 견해가 다른 다양한 사람들이 있기 마련이다. 대다수 사람들은 자신이 옳다고 생각하는 행동을 옹호한다. 어떤 이는 파업이나 시위를 제안한다. 다른 사람은 파업이나 시위는 시기상조이므로 협상을 더 해야 한다고 생각한다. 또 다른 사람은 아무 행동도 하지 않으려 한다. 운동은 외부 관찰자가 보면 자발적인 것처럼 보일 수 있지만 내부에서 보면 항상 운동을 각기 다른 방향으로 이끌려는 무수히 많은 개인들이 있기 마련이다.

설령 사람들 사이의 차이가 우연적이라 할지라도 정당은 등장하겠지만 그 차이는 결코 우연적인 것이 아니다. 기존 사회가 저항에 가하는 압력 때문에 견해 차이는 구조화된다. 특히 사람들의 의식에 깊이 배어든 생각, 즉 근본적 변화는 불가능하다는 생각 때문이다. 보수적 견해는 세상이 결코 바뀌지 않는다는 것이고, 개혁주의적 견해는 오직 일부만 바뀔 수 있다는 것이다. 이들 견해는 기성 사회의 영향력 때문에 자생적으로 형성되고, 기성 정치인들과 언론 매체가 이런 견해를 부추긴다. 따라서 정당이 필요 없다는 말은 혁명가들이 보수주의나 개혁주의 견해에 맞서 힘을 합칠 필요가 없다는 말이기도 하다.

그러나 혁명적 상황의 결과는 사람들의 고통을 해결할 방안을 제시하는 여러 견해들의 투쟁에 달려 있다. 위기가 매우 심각해서 개혁주의적 대안이 답이 될 수 없는 상황에서 그 전투는 점차 혁명 세력과 반동 세력이 영향력을 쟁취하려고 다투는 정면 대결이 된다. 그 전투의 미래는 개혁주의에 대한 희망을 포기한 사람들이 혁명이나 반동으로 기우는 것에 달려 있다.

그 전투는 사상 투쟁일 뿐 아니라 실천적 투쟁이기도 하다. 노동계급이 분열하고 자신감이 떨어지면 지배계급이 우위를 차지할 수 있다. 노동계급은 거리와 작업장을 통제하려는 투쟁 경험을 통해서만 이러한 장애를 뛰어넘을 수 있다. 이 시기에는 투쟁이 격렬해질수록 심지어 가장 비정치적인 노동자들조차 스스로 새로운 사회를 건설하려는 운동의 일부로서 자각할 수 있게 된다. 바로 그럴 때, 운동의 속도를 늦추려는 개혁주의 시도들은 지배계급의 반동적 사상과 마찬가지로 운동의 사기를 꺾고 운동을 분열시켜서 재앙을 낳을 것이라는 사실이 입증될 수 있다.

칠레의 사례는 이를 비극적으로 보여 준다. 1972~1973년 지배계급이 아옌데 정부의 개혁을 분쇄하려고 시도하자 노동자들이 반격했다. 그런데 당시 노동운동은 개혁주의 경향이 강했고, 사회당과 공산당이 그 경향의 중심에 있었으며, 이들이 전국노조연맹을 지배하고 있었다. 그 지도자들은 군 장성들이 헌법에 보장된 대통령의 권한을 존중할 것이고, 가장 중요한 것은 공장에서의 투쟁이 아니라 선거 승리와 두 자본주의 정당 중에서 더 온건하다고 생각되는 기독민주당의 지지를 얻는 것이라고 주장했다. 1973년 6월 쿠데타 때 노동자들이 거리에 쏟아져 나와 병사들과 친해지자, 아옌데 정부의 장관은 노동자들에게 장성들이 헌법을 지킬 것을 믿고서 집으로 돌아가라고 호소했다. 이 때문에 장성들은 한숨 돌리면서 다시 병사들을 통제하고 쿠데타를 준비하다가 1973년 9월 잔혹한 쿠데타를 성공시킬 수 있었다. 쿠데타가 성공하자 장성들은 그 장관을 살해했다.

언제나 혁명은 전진하거나 후퇴해야 하는 선택의 기로에 놓인다. 후퇴하면 전보다 훨씬 악화된 구질서로 돌아갈 수도 있다. 이를 막을 수 있는 유일한 방법은 혁명가들이 조직돼서 혁명적 사상을 밝히고 혁명이 진전할 수 있는 방법을 제시하는 것이다.

혁명 정당은 혁명이 시작되는 데 필수조건은 아니다. 그러나 사회주의와 야만의 갈림길에서는 혁명 정당이 혁명의 승리를 보증하는 데 필수적이다.

08

당 건설

혁명적 사회주의 정당은 어떤 종류의 조직인가? 이에 대해 두 가지 견해가 널리 퍼져 있는데, 둘 다 틀렸다. 첫 번째 견해는 노동당처럼 선거 참여를 바탕으로 하는 정당, 그러나 더 좌파적인 정당이어야 한다는 것이다. 이 정당은 선전을 통해 힘을 키우다가 충분한 의석수를 확보하면 정부를 구성하거나, 아니면 적어도 다른 좌파 정당들과 연립정부를 세운다. 이는 100년도 훨씬 전에 영국 최초의 마르크스주의 정당인 사회민주연맹이 추구한 방식이었고, 오늘날에는 프랑스 공산당, 인도 공산당, 네덜란드 사회당, 스페인 통합좌파 같은 조직들이 여전히 고수하는 방식이다. 이 방식의 문제는 대중의 삶에 결정적 영향을 미치는 거대한 사회적 위기는 의회에서도, 의회 일정을 따라서도 해소되지 않는다는 점이다. 선거 참여는 사회주의자들이 사상을 전파하는 중요한 기회가 될 수 있지만, 그렇다고 해서 거리와 작업장에서 벌이는 투쟁을 대신할 수는 없다.

두 번째 견해는 노동자들에게는 혁명이 필요하므로 노동자들을 대신해 혁명을 일으키겠다고 주장하는, 엄격하게 조직된 정당이어야 한다는 것이다. 그런 정당은 상황이 절박해지면 노동자들이 자기에게 의지할 것이라고 믿는다. 그러나 그런 정당은 일상적 투쟁이 개혁의 가능성에 대한 환상을 부추길까 봐 투쟁을 멀리한다. 이는 19세기 프랑스 혁명가 블랑키와 1920년대 초 이탈리아의 저명한 공산주의자 보르디가의 견해였다. 또 1960년대와 1970년대 라틴아메리카에서 번성하던 일부 좌파 게릴라의 방식이기도 했다. 이 견해는 여러 면에서 선거 방식의 반대 편향일 뿐이다. 두 견해 모두 혁명가들이 대중을 대신해 세상을 변혁해야 한다는 생각을 공유하기 때문이다. 이런 관점에서 보면, 대중은 그저 혁명적 투사나 좌파 국회의원을 수동적으로 지지하기만 하면 된다.

진정한 혁명적 태도는 이와 다르다. 혁명적 태도의 출발점은 노동자들이 권력을 장악해야만 끔찍한 계급사회와 절연할 수 있고, 노동자들이 그렇게 하려는 의식과 힘을 강화하는 유일한 방법은 스스로 투쟁하는 것뿐이라는 인식이다.

대다수 노동자들은 사회적 위기나 혁명적 격변의 시기에만 혁명가들의 주장에 이끌릴 수 있다. 그러나 자본주의에서는 사람들이 끊임없이 저항할 수밖에 없기 때문에, 격변의 시기가 아닐지라도 혁명적 사회주의 사상을 받아들일 수 있는 소수는 항상 있기 마련이다. 그들은 반전 운동, 인종차별 반대 운동, 주택 사유화 반대 캠페인, 임금 인상 파업 등에 동참할 수 있다. 언제든지 다양한 투쟁은 있기 마련이고 그때마다 일부 사람들은 자본주의 체제의 우선순위에 도전하기 시작한다. 진정한 혁명적 조직은 이 사람들을 결집시켜 그들이 토론을 통해 사상을 명료하게 하도록 도와주고 지난 투쟁에서 교훈을 끌어내고, 오늘날의 체제와 투쟁을 분석하며, 그 결론을 다시 일상 투쟁에 적용한다.

혁명적 조직의 목적은 가장 전투적인 사람들의 네트워크를 건설해, 서로 힘을 극대화하고, 약점을 보완하고, 서로 경험에서 함께 배우는 것이다. 이 네트워크 성원들은 여러 투쟁에서 함께 행동하며, 이 투쟁들을 서로 연결시키고, 노동자들을 분열시키고 갈등하게 만드는 모든 시도에 맞선다.

이런 실천은 투쟁의 수위가 높지 않은 시기에도 중요하다. 투쟁이 패배할 때마다 노동자들은 사기가 저하되고, 소수를 희생양 삼는 반동적 사상이 득세하기 더 쉬워진다. 반대로 투쟁이 승리할수록 지배계급이 노동자와 빈민을 완전히 굴복시키기 어려워진다. 투쟁이 정점에 달했을 때는 모든 작업장과 지역에 활동가들의 네트워크가 있는 혁명적 조직의 존재가 매우 중요할 수 있다. 주요 전투의 성패가 계급투쟁의 성격과 이데올로기 지형을 몇 년 동안 결정지을 수 있다. 프랑스 1968년 5월의 기억은 오늘날에도 우파 정치인들에게 여전히 악몽이고, 1984~1985년 영국 광원 파업 패배의 기억 때문에 영국의 계급투쟁은 여전히 위축돼 있다. 미래의 투쟁에서 승리하려면, 사회주의자 네트워크를 반드시 건설해야 한다.

많은 사람들은 전위 조직을 자칭하는 사람들을 의심한다. 그러나 일부 노동자들이 자본주의의 본질이나 자본주의에 맞서 투쟁할 필요를 누구보다 명확히 이해하고 있다는 것은 사실이다. 이들은 인종차별과 성차별에 맞서고, 투쟁하는 다른 집단들과 연대할 필요성을 이해하며, 투쟁에서 승리하기를 원하는 사람들이다. 이렇듯 이들은 다른 노동자들보다 정치의식이 선진적이고, 그들이 먼저 잘 조직돼야 다른 노동자들을 설득해서 효과적으로 체제에 맞서 싸울 수 있다.

당과 노동자 평의회

노동자 평의회를 통해 사회를 운영해야 한다는 주장과 혁명 정당의 필요성을 강조하는 주장 사이에는 아무런 모순도 없다. 노동자 평의회에서 중요한 점은 노동자 평의회가 경험 많은 혁명가나 노동조합 투사들만이 아니라 모든 노동자를 대변한다는 점이다. 1905년과 1917년 러시아의 노동자 평의회는 정치적 배경이 사뭇 다른 여러 노동자들이 무엇을 할 것인지를 함께 결정하고 실행하는 수단이었다. 2월 혁명 전까지만 해도 차르를 지지했던 일부 노동자들도 25년 동안 혁명적으로 차르에 맞섰던 다른 노동자들과 마찬가지로 노동자 평의회에서 노동계급의 요구를 제출하는 데 동참하고 있다고 느꼈다. 모든 노동자들은 노동자 평의회에서 자신들이 사회를 통치할 힘이 있다고 느끼기 시작했다.

그러나 이러한 변화가 모든 노동자들에게 한결같이 일어난 것은 아니었다. 여전히 많은 노동자들은 옛 체제가 주입한 사상의 영향을 받았다. 러시아 민족주의, 유대인 혐오, 여성에 대한 전통적 편견 등에 영향을 받는 노동자들은 어느 작업장에나 존재했다. 특히 새로운 사회로 나아가는 데 기여해야 한다고 생각한 노동자들조차 흔히 스스로 상황을 지배할 능력이 없다고 말하기도 했다. 그래서 혁명 초기에는 러시아에서 자본주의를 유지하려는 중간계급과 온건한 사회주의 정치가들이 많은 노동자의 지지를 받았고 노동자 평의회에서 다수파가 됐다.

몇 개월간의 격변을 경험하면서, 많은 노동자의 생각이 바뀌었다. 그러나 그 경험은 혁명이 더 전진해야 한다고 생각하는 사람들과의 일상적 논쟁을 통해 얻어진 것이었다. 볼셰비키당은 바로 그 논쟁에 개입했다. 1917년 혁명이 일어나기 전 몇 년 동안 레닌과 그 동지들은 러시아 사회주의자들 사이에서 강경파로 알려졌다. 이들은 아마추어리즘과 모호한 생각을 아주 싫어했다. 볼셰비키는 러시아에서 혁명이 성공하려면 두 가지가 핵심이라고 주장했다. 그것은 명료한 사상을 발전시키는 것과 당원 네트워크를 통해 모든 작업장이나 지역과 연계된 투쟁을 가차없이 벌이는 것이었다. 1914년에 발발한 전쟁에 완강히 반대한 데서도 드러나듯이, 볼셰비키는 필요하다면 인기 없는 정책을 취하는 것도 마다하지 않았다. 그러나 볼셰비키는 레닌을 숭배하는 종파처럼 움직인 소규모 음모 집단이 결코 아니었다. 볼셰비키는 상황이 허락하는 한 최대한 광범하게 노동자 사이에서 조직을 건설하려고 노력했다. 그래서 1912~1914년에 검열이 잠시 완화된 틈을 타 노동자 신문을 발행해서 대성공을 거두었다.

1917년 이른 봄에 볼셰비키는 소수였다. 그러나 이들은 노동자들이 임시정부에 맞서 싸우는 투쟁 속에서 점차 성장해, 주요 도시에서는 다른 정당을 모두 합친 것보다 더 많은 노동자 당원을 조직할 수 있었다. 볼셰비키 당원들은 레닌이 시키는 대로 움직이는 로봇이 아니었다. 흔히 레닌도 자신의 견해가 소수파 견해일 때는 격렬한 논쟁을 통해 다른 당원들을 설득해야만 했다. 한 예로, 1917년 레닌이 망명지에서 러시아로 돌아온 직후에 볼셰비키는 임시정부에 반대해야 한다고 주장했을 때 그는 고립됐다. 핵심적인 비보르크[페테르부르크의 공단 지역] 지구 노동자들이 레닌의 주장에 동의한 덕분에 레닌은 겨우 다른 당원들을 설득할 수 있었다.

1917년 가을 레닌의 가장 오랜 협력자였던 지노비예프는 임시정부 타도를 공개적으로 반대해 당내에서 엄청난 논쟁을 불러일으켰다. 또 10월 혁명이 성공한 지 석 달 뒤 레닌과 트로츠키는 전쟁을 끝내려면 혁명 정부가 독일의 가혹한 강화조약을 받아들이는 수밖에 없다고 주장하며 많은 사람들과 논쟁을 벌였다.

볼셰비키당은 노동자 운동과 노동자 평의회 외부에 존재하지 않았다. 그 당은 가장 전투적인 노동자 일부가 정책을 토론하고, 그 정책을 실행하려고 다른 이들을 설득하는 수단이었다. 만약 볼셰비키당이 존재하지 않았다면, 노동자를 자본주의에 옭아매려는 정당들이 승리하고 노동자 평의회는 피바다 속에서 침몰했을 것이다(독일에서는 1년 반 뒤에 실제로 그랬다).

전략과 전술, 새로운 형태의 당

투쟁은 여러 형태로 일어난다. 오랜 시기 동안 투쟁은 안토니오 그람시가 말한 '진지전'(길게 질질 끌면서 더디게 전진하는 투쟁)의 형태를 띤다. 이 시기에 혁명가들은 여러 작은 전투(노동조합 투쟁, 복지 삭감 반대 투쟁, 인종차별 반대 운동, 파업에서 연대를 건설하기, 선거

운동 등)에 개입해 노동계급의 조건들을 미약하나마 개선하고, 더 많은 사람들을 혁명적 사상으로 설득하려고 노력한다.

이런 행동 자체는 자본주의에 결정적 타격을 가하지는 못하지만 이런 행동을 통해 자본주의를 끝장내려는 사람들의 네트워크가 건설된다. 이 네트워크는 진지전이 '기동전'(순식간에 대중의 분위기가 바뀔 수 있는, 갑작스럽고 신속한 대결)으로 바뀔 때 비로소 그 진가가 드러난다. 혁명 조직이 강력하다면, 그 조직은 수많은 사람들을 사회 전체의 진보에 필요한 방향으로 이끌 수 있다. 반면에 혁명 조직이 미약하거나 존재하지도 않는다면, 사람들의 희망은 절망으로 바뀌고 모든 것이 후퇴할 것이다.

계급투쟁은 전쟁의 일종이다. 비록 오랫동안 저강도 전쟁이겠지만 말이다. 전쟁에서 양편은 전략과 전술을 사용해 우위를 차지하려 한다. 지배계급이 그런다는 것은 확실하다. 재계 인사들의 모임, 특권층의 클럽, G8이나 유럽 정상회의, 〈파이낸셜타임스〉나 〈이코노미스트〉 같은 신문과 잡지의 칼럼에서 지배계급의 일원들은 어떻게 수익성을 높일지, 불가피한 저항을 어떻게 분쇄할지 토론한다. 지배계급의 일부가 나머지 지배계급의 협력을 얻어 저항을 무력화하거나 저항 세력의 일부를 고립시키거나 저항 세력을 분열시키기 위한 갖가지 수단을 사용한다. 이들은 비밀 회동이나 메모 따위를 통해 정부, 고위 공직자, 경찰 관료들에게 압력을 가해 자신들의 말을 따르게 만든다.

계급투쟁에 뿌리박은 혁명 조직은 이런 지배자들의 책략에 맞서 전략과 전술을 개발해야 한다. 이 조직은 저항 세력의 약점을 파악하고 최대한 극복해야 하는 한편, 지배계급의 약점도 밝혀내고자 해야 한다. 때때로 이것은 파업이 패배하거나 시위가 경찰에게 해산당한 경우 사람들을 결속시키는 문제일 수도 있고, 때로는 지배계급의 분열과 노동자들의 새로운 자신감 고취로 형성된 공세 국면에서 이를 이어갈 기회를 어떻게 활용할 것인가 하는 문제일 수도 있다. 흔히 이것은 혁명의 가능성으로 소수의 사람들을 설득하는 문제이며, 드물게는 수많은 사람들을 이끌고 지배계급의 권력을 직접 공격하는 문제이기도 하다. 모든 상황에 적용되는 전술이나 구호 따위는 없다. 적절한 전술이나 구호는 투쟁의 매순간마다 구상돼야 하고, 혁명 조직은 어떤 전술이나 구호가 효과적인지 실천을 통해 검증하는 방식으로 활동해야 한다.

여기에는 중요한 함의가 있다. 혁명 조직은 활동가들이 각자 하고 싶은 대로 하면서 서로 문제 삼지 않는 느슨한 연방적 조직이어서는 안 된다. 혁명 조직의 활동은 시시각각 달라지는 투쟁에서 지배계급에 일관되게 대응하기 위해 조율돼야 한다. 그러려면 조직에는 어느 정도의 중앙집권주의가 필요하다. 다시 말해, 기꺼이 결정을 내리고 집단적으로 이를 실행해야 한다. 또, 민주주의도 반드시 필요한데 왜냐하면 그 결정이 여러 투쟁에 관여하는 활동가들의 경험에 진정으로 부합하는지를 확실히 알 수 있게 해 주는 방법은 민주주의뿐이기 때문이다.

주류 정당은 정책을 생산하는 지도부와 이를 실행하는 당원들이 항상 분리돼 있다. 영국 노동당에서는 노동조합을 통해 경제투쟁을 수행하는 사람들과 당의 선거 활동을 통해 정치에 참여하는 사람들로 분리돼 있는 것이 오랜 관행이다. 혁명 조직의 목적은 이러한 분리를 넘어서는 것이다. 제1차세계대전 후에 거대한 혁명 물결에 참여했던 사람들의 표현을 빌리면 이 혁명 조직은 "새로운 종류의 당"이다. 이 당은 지배계급이 그랬듯이, 경제·정치·이데올로기 등 모든 전선에서 전투를 벌이고자 한다. 이 당은 파시즘 반대와 전쟁 반대 등의 정치적 쟁점으로 노동조합과 일터에서 조직하고자 하며, 이데올로기와 이론 논쟁을 학술 논쟁이 아니라 투쟁에 참여하는 모든 사람에게 쟁점을 명확히 하는 과정의 일부로 이해한다. 동시에, 그 조직은 임금이나 노동조건 등 가장 기본적인 쟁점도 소홀히 하지 않고 그런 쟁점을 노조 지도자들의 개혁주의에 맡겨 두지 않는다.

공동전선

혁명가들에게 가장 중요한 전술적 문제는 개혁주의 사상에 영향받는 노동자들과 어떻게 함께할 것인가 하는 점이다. 신출내기 혁명가는 개혁주의 정치인이나 노조 지도자를 신뢰하는 사람들을 무시하기 쉽다. 그런 사람들이 의회주의, 기존 국가, 노사 협력 사상을 수용하는 것은 사실이다. 그러나 그렇다고 해서 그들과 함께 행동하기를 거부한다면, 결국 그들에게 등을 돌리게 되고 계급투쟁에 기권하게 된다.

이 같은 문제는 혁명이 러시아에서는 성공했지만 독일과 이탈리아에서는 실패한 1917년 직후의 몇 년간 혁명가들에게 중요한 쟁점이었다. 그리고 1930년대에 파시즘이 확산되면서 모든 노동계급 조직의 존립이 위험해지자 다시 핵심 쟁점이 됐다. 체제에 맞선 저항이 늘어나지만 세계의 대다수 노동자, 농민, 빈민이 혁명적 사회주의 사상을 받아들이지 않고 있는 오늘날에도 중요한 쟁점이다.

이 문제를 다루는 데 필수적인 방법은 1917년과 그 이후에 발전한 '공동전선'이었다. 공동전선의 바탕에 깔린 생각은, 개혁주의에 기대를 거는 사람들은 투쟁이 없으면 자본주의에서 용납되지 않을 것을 원한다는 점과 대체로 개혁주의 지도자들은 그러한 투쟁을 이끌기를 주저할 것이라는 점이다. 사람들이 바라는 것은 임금 인상에서 임금 삭감 철회까지, 공공 서비스 보장에서 정치적 권리 보장이나 제국주의 전쟁 반대까지 무척 다양할 수 있다. 이 쟁점들은 개혁주의자뿐 아니라 혁명가들도 지지하는 것이고 혁명가들의 힘만으로는 얻어 낼 수 없는 것이다.

예컨대, 1930년대에 파시즘은 노동계급 조직은 말할 것도 없고 유대인과 그 밖의 소수자들에게도 위협이었다. 히틀러는 공산당뿐 아니라 사민당의 활동도 금지했고 노동조합도 해산시켰다. 나치를 패퇴시키고 홀러코스트와 세계대전을 미연에 방지할 방법은 전체 노동계급의 힘을 동원하는 것뿐이었다. 애석하게도, 그런 일은 일어나지 않았다.

2001년 이후 미국이 벌이고 영국이 지원하는 전쟁에 반대하는 투쟁에서도 비슷한 생각이 적용됐다. 혁명가들은 원칙적으로 전쟁에 반대하지만, 그들만으로는 전쟁을 벌이는 정부에 아무런 영향도 끼칠 수 없다. 혁명적 관점을 가지지 않은 수많은 사람들과 함께 반대할 때에만 이라크와 아프가니스탄 전쟁 종식은 비로소 가능해질 것이다.

이러한 연대는 전제 조건을 걸거나 최후통첩식 태도를 취해서는 건설될 수 없다. 모든 자본가 정부에 반대하는 사람들하고만 함께하려 한다면, 파시즘에 맞선 연대는 건설될 수 없다. 공동전선의 요구는 개혁주의 사상을 가진 사람들도 받아들일 수 있는 것이어야 한다. 심지어 이 요구가 혁명가들이 바랄 수 있는 최소의 요구라 하더라도 말이다.

이 밖에도 몇 가지 중요한 사항이 있다. 많은 사람들을 투쟁에 동참시키려면, 대다수 사람들이 여전히 개혁주의 정치인이나 노조 지도자들을 신뢰하는 한 비록 이 지도자들이 미덥지 못하더라도 그들에게 공동 행동을 함께하자고 요청해야 한다. 그 요청은 "당신은 전쟁에 반대한다고 말합니다. 우리도 전쟁에 반대합니다. 그러니 함께 투쟁합시다"여야 한다. 그 지도자들이 이 요청에 동의한다면, 우리는 반전 운동의 목표를 달성할 더 좋은 기회를 얻게 되고, 그 지도자들을 지지하는 사람들과 함께하면서 혁명적 방식의 우월성을 입증할 기회도 누리게 된다. 그 지도자들이 요청을 거부한다면, 그 지지자들을 그들의 영향력에서 떼어내 우리 편으로 이끄는 일이 더 수월해질 것이다. 그 지도자들에게 요청을 하지 않은 경우보다는 말이다.

공동전선을 추구한다고 해서 혁명가들이 개혁주의 지도자들과의 정치적 차이를 외면해야 한다는 말은 아니다. 개혁주의 지도자들은 항상 투쟁이 승리하는 데 필요한 조처들을 철회하려하기 때문이다. 혁명가들은 개혁주의 지도자들이 거부할 때도 다수 대중을 설득해서 투쟁을 진전시키는 것을 목표로 해야 한다. 즉, 공동 행동에 참여하면서도 신문과 리플릿, 대중 집회, 개인적 토론에서 혁명적 주장을 끊임없이 개진해야 한다.

공동전선 건설 방식은 구체적 상황에 달려 있다. 혁명가들이 토니 블레어가 벌인 전쟁에 반대하거나 신노동당 정부가 추진하는 공공 서비스 삭감에 맞서 싸울 때 신노동당과 공동전선을 이룰 수 없다는 것은 명백하다. 그러나 그러한 쟁점을 바탕으로 한 공동 행동에 노동당이나 노동조합 인사들을 포함시키려는 노력은 해야 한다. 비록 이들이 대부분의 쟁점에서 혁명가들과 일치하지 않는다 하더라도 말이다. 이것이 1970년대 말에 반나치동맹Anti Nazi League을 건설한 방식이었고, 이와 비슷한 방식은 2001년 이후 전쟁저지연합Stop The War Coalition의 성공에 필수적이었다.

마지막 한 가지가 남아 있다. 개혁주의는 반드시 노동당이나 노동조합과 연결된 형태로만 나타나는 것은 아니다. 운동은 단일 쟁점만으로도 떠오를 수 있으며, 운동에서 그 쟁점과 자본주의 자체의 연관이 자각되지 않을 수 있다. 공동전선을 건설하려면 그러한 운동이나 그 운동의 대표자라 할 수 있는 유명 인사들을 어떻게 대할 것인지를 결정해야 한다. 이 점은 특히 인종차별을 반대하는 투쟁에 중요하다. 언제나 문제는 혁명적 사상에 동의하지 않는 사람들을 공동 투쟁으로 끌어들이는 방식이다.

09

자본주의와 폭력

반자본주의 칼럼니스트 조지 몽비오는 흔해 빠진 주장을 했다. 그는 2000년 5월 〈가디언〉에 "선진 자본주의가 모든 정치 체제 중 가장 폭력적인 체제라면 이 체제에 맞선 폭력 투쟁은 실패할 수밖에 없다"고 썼다. 이런 주장은 대개 마틴 루서 킹이나 마하트마 간디 같은 사람들의 비폭력 직접 행동 운동이 성공했다는 주장과 결부된다. 그러나 킹의 운동이든 간디의 운동이든 그러한 주장을 뒷받침할 근거가 될 수 없다.

마틴 루서 킹이 이끈 운동에서는 비폭력 전술이 채택됐다. 그러나 그 목표는 KKK단이나 미국 남부의 인종차별주의자들을 전향시키는 것이 아니었다. 미국 정부를 설득해서, 조직적 폭력의 구현체인 연방군이 인종차별주의자들을 저지하게 하는 것이었다. 이 전술이 효과 없는 것으로 드러나자 학생비폭력조정위원회SNCC는 킹과 결별하고 자기 방어 무장을 슬로건으로 채택했다.

간디는 수많은 식민지 해방 운동가 중 한 명이었을 뿐이며, 대부분의 운동가들은 필요하다면 폭력을 사용할 태세가 돼 있었다. 예컨대, 투쟁이 정점에 이른 1942년의 인도해방운동The Quit India Movement에서는 파업, 경찰서 무장 공격, 열차 선로 파괴, 폭탄 투척, 폭동이 잇따랐다. 그 지도자 중 하나인 보스는 영국에 맞서기 위해 일본과 동맹을 맺고 군대를 창설했다. 영국이 인도를 포기할 수밖에 없게 만든 결정적 사건은 1946년 봄베이[지금의 뭄바이]에서 일어난 수병 반란이었다. 당시 간디는 이 반란을 비판했다.

모든 국가는 국가의 지배자들이 적으로 선포한 사람들(국내의 적이든 국외의 적이든)을 상대로 폭력을 사용할 태세가 된 무장 집단에 의존한다. 때때로 폭력의 수위는 경찰이 시위대를 공격하거나 피켓라인을 해산시킬 때처럼 비교적 낮을 수 있다. 그러나 1973년 칠레에서처럼 지배계급은 심각한 위협을 느끼면, 지배계급에 맞서는 사람들이 평화적 방법을 굳게 고수할 때조차 끔찍한 폭력을 자행할 것이다. 혁명적 사회 변화를 지지하면서도 필요할 때 폭력의 사용을 배제하는 운동은 파괴를 자초할뿐더러 그 지지자들을 불필요한 고통에 빠트린다.

자본주의의 폭력에 맞설 방법이 없다는 몽비오의 주장은 체제가 더 넓은 사회적 과정에 의존하고 있음을 무시한다. 모든 지배계급은 경제적 힘과 이데올로기적 우위뿐 아니라 무력도 독점해야 지배계급의 지위를 유지할 수 있다. 혁명적 상황은 수많은 사람이 참여한 대중운동이 국가를 마비시킬 정도로 나아갔을 때 도래한다. 이런 상황에서는 파업, 공장 점거, 병사 반란, 노동자·병사 평의회 건설, 대규모 시위, 지배계급의 내분이 일어난다. 대중운동이 옛 체제에 여전히 봉사하는 군대와 경찰을 무장해제시키기 위해 무력을 사용할 태세가 돼 있어야 혁명이 가능해진다.

혁명적 소요는 항상 군대의 사병들에도 영향을 미친다. 사병들은 노동계급이나 하층 중간계급 출신들이고, 징집됐거나 안정된 직장을 찾아 군대에 지원한 사람들이다. 사병들은 형제자매, 부모, 학교 친구들에게 영향을 미치는 반란의 분위기를 결코 외면할 수 없다. 그러나 장교와 부사관이 강요하는 엄격한 규율 때문에 사병들은 자기 생각이나 느낌을 공개적으로 표현하지 못한다. 명령 불복종의 조짐을 드러내면 가장 혹독한 처벌이 뒤따른다. 일상적 시기에는 군사 감옥에 오랫동안 구금되고 전쟁이나 계엄 시기에는 총살당하기도 한다. 그래서 1973년 칠레에서는 대중운동에 공감을 표시한 해군 부사관들이 감옥에서 고문당했다. 1917년 독일에서는 수병들이 평화적으로 명령을 거부하자,

장교들이 불만을 듣고 나서 해산을 요구한 다음 따로 부대를 조직해서 주동자인 듯한 병사들을 체포하고 처형했다.

혁명이 성공하려면 무장한 사병들이 장교들을 무장 해제시키고, 가장 반동적인 군부대를 무력화하기 위해 폭력을 사용할 태세가 돼 있어야 한다. 1871년 파리코뮌이 수립된 결정적 순간은 노동계급 여성들이 중화기를 운반하던 병사들을 설득해 그것을 민중의 손에 넘기게 만든 때였다. 1917년 2월 러시아에서는 사흘 동안 대중 시위와 대치한 많은 사병들이 봉기에 우호적이 됐고 일부 사병들은 자기 상관을 체포하는 데 앞장섰다. 1936년 7월 바르셀로나에서 군 장성들이 파시즘을 스페인 전역에 강요하려고 쿠데타를 일으켰을 때, 아나키스트 노동조합 CNT와 마르크스주의 정당 POUM이 형편없는 무기로나마 시민군을 건설해서 저항하자 군대, 즉 돌격대[1931년 스페인 공화국 정부가 도시 치안 유지를 위해 조직한 부대]의 약 3분의 2가 저항에 동참했다.

어느 경우든지, 사병들이 반동적인 장교들에 맞설 자신감을 얻는 데서 핵심 열쇠는 병영 밖에 있는 노동자들이 주도력을 발휘하는지 아닌지였다. 사병들은 노동자 운동이 끝까지 전진하려 한다고 느낄 때만 단호한 태도를 취했다. 노동자 운동이 군대에 압력을 가할 뿐 아니라 사병들이 장교의 명령에 맞서다 처벌받을 때 이에 반대하는 일에도 연대해야 사병들도 단호하게 행동했던 것이다. 여기에는 엄청난 물리력이 필요하지 않았다. 무장한 사병 100명이 무장한 장교 1명에 맞설 때는 최소한의 폭력만 있어도 된다. 그러나 장교가 조금이라도 저항할 때는 물리력을 사용하는 데 추호도 망설이지 말아야 한다. 비폭력은 반란의 성공을 도모하는 사병들이 선택할 만한 대안이 아니다. 그랬다가는 장교들이 마음껏 폭력을 휘두르며 반란 사병들을 진압하게 될 것이다.

대중의 가장 능동적인 부위와 소수의 무장한 사병들이 단호히 행동하도록 조직됐을 때, 사상자가 발생하는 실제 폭력도 줄어든다. 반면, 선진 부위가 조직되지 않거나 평화주의가 만연하는 상황에서는 반대편의 폭력 수위도 무척 높아질 것이다.

결정적으로 중요한 것은 가장 전투적인 노동자 부위를 혁명 조직으로 끌어들여 작업장과 지역뿐 아니라 군대에도 영향을 미치는 데 얼마나 성공했느냐다. 그렇게 조직해야만 병영에서 광범한 운동의 혁명적 목표에 은밀히 동조하는 병사들의 행동을 끌어내기 시작할 수 있다.

… 10 …

20세기의 혁명들

러시아 혁명 기념일에 방송된 '라디오 3'[영국의 라디오 채널]의 저녁 프로그램에서 아나운서는 "세계에서 가장 중요하지만 가장 끔찍한 사건 중 하나"라는 말로 시작했다. 이 프로그램의 핵심 메시지는 역사학자 올란도 파이지스의 논평이었는데, 러시아 혁명을 다룬 그의 인기 저작 ≪민중의 비극 A People's Tragedy≫은 1917년 10월 혁명을 레닌의 "폭력 충동" 탓으로 돌리고 있다. 파이지스가 보기에 스탈린주의의 참상과 1917년 10월 혁명은 똑같은 것이었다.

이것은 혁명에 반대하는 사람들이 늘 입에 달고 다니는 주문 같은 말이다. 즉, 혁명은 늘 재앙으로 끝나기 마련이고, 문명을 수호하는 방법은 오직 백만장자와 다국적기업 또는 귀족과 왕의 권력을 지지하는 것뿐이라는 말이다. 이 주장을 뒷받침하려면, 가장 기본적인 사실을 무시해야 한다. 즉, 스탈린이 1929년부터 1953년 사망할 때까지 휘두른 권력의 토대는 1917년 10월 혁명으로 수립된 권력의 토대와는 완전히 달랐다는 사실을 말이다.

1917년 혁명 정부의 바탕에는 노동자들이 선출한 대의원들로 이루어진 노동자 평의회가 있었다. 혁명 정부는 1917년 10월에 선출된 대의원 67퍼센트의 지지를 얻었고, 3개월 뒤 선출된 대의원 74퍼센트의 지지를 얻었다. 그러한 선거가 실시된 때는 각기 다른 정당을 지지하는 신문들과 정기간행물들이 아무런 제약 없이 논쟁을 벌이던 때였다. 압도 다수가 노동자인 볼셰비키당 안에서는 적어도 혁명 이후 4년 동안 자유롭고 공개적인 논쟁이 벌어졌다.

혁명 초기 몇 년간의 특징은 사회가 탈바꿈했다는 것이다. 공장 경영자에 대한 노동자 통제가 확립되고, 지주의 토지를 농민에게 분배하고, 억압받던 민족들은 자치를 누렸다. 여느 자본주의 국가의 개혁보다 훨씬 진보적인 대규모 사회 개혁으로 여성은 소비에트 선거 참정권을 얻었고, 이혼이 합법화됐고, 탁아소가 설립됐고, 동성애자를 억압하는 법이 폐지됐고, 유대인 차별이 끝장났고, 모든 사람에게 평등한 교육 기회가 제공됐다.

이와 달리 스탈린 치하에서는 노동자 평의회가 존재하지 않았다. 스탈린의 1936년 헌법에 규정된 최고 소비에트는 가짜 의회 기구였다. 선거가 자유로운 보통선거가 아니었기 때문이다. 정당은 하나뿐이고, 모든 신문과 정기간행물은 그 정당의 나팔수였다. 당원들 대다수는 노동자가 아닌 경영자, 국가 관료, 당 상근간부들이었다. 어느 당원도 지위 고하를 막론하고 스탈린의 정책과 다른 견해를 표명할 수 없었다. 그런 사람은 투옥되거나 대개는 처형됐다.

스탈린의 당은 소련 공산당(볼셰비키)이라는 명칭을 고수했지만, 이 당은 1917년의 공산당과 아무 공통점이 없었다. 1939년의 당원 150만 명 중 1.3퍼센트만이 1917년에도 당원이었고, 1918년의 볼셰비키 당원 20만 명 가운데 1939년까지 스탈린의 당에 살아남은 사람은 겨우 10명 중 1명꼴이었다. 첫 혁명 정부의 구성원 15명 중 10명은 스탈린의 명령으로 살해되거나 처형됐고, 4명은 자연사했고, 단 한 명만이 살아남았는데 그가 바로 스탈린이었다. 수많은 혁명가들이 보안경찰에 살해당하거나 강제수용소에서 사망했다. 레온 트로츠키가 스탈린에게 암살당하기 전에 말했듯이, 볼셰비즘과 스탈린주의 사이에는 "피의 강물"이 흐르고 있었다.

일부 사람들은 스탈린주의가 혁명 이후 러시아에서 등장했고 혁명에 참가한 사람들도 일부 포함돼 있으므로 스탈린주의와 러시아 혁명 사이에 연관이 있을 수밖에 없다고 주장한다. 그러나

20세기의 혁명들 *129*

한 사건 뒤에 일어난 사건이 반드시 앞선 사건의 결과라고 말할 수는 없다. 예컨대, 어느 공장에서 철을 가지고 물건을 만들었다 치자. 그런데 그 물건이 빗속에 방치되고 녹이 슬어 무용지물이 됐다면 제정신을 가진 어느 누구도 공장이 녹의 원인이라고 주장하지는 않을 것이다. 마찬가지로, 혁명 후 몇 년이 흐르고 나서 일어난 일을 그냥 혁명 탓으로 돌릴 수는 없는 것이다. 다른 요인의 영향을 살펴봐야 한다.

혁명은 어떻게 질식사했는가

칼 마르크스와 프리드리히 엥겔스는 선진 자본주의가 확립된 후에야 사회주의 사회를 건설할 수 있다고 주장했다. 두 사람은 과거에 계급이 출현한 이유는 불가피한 궁핍으로 사회 일부가 나머지 일부를 착취하지 않고서는 문명을 진보시키거나 생산을 늘릴 부를 축적하는 것이 제약받았기 때문이라고 주장했다. 자본주의 축적은 그러한 궁핍을 극복하려고 거대한 생산수단을 창출했지만, 자본주의의 계급 이해관계와 그 구조는 사회 진보를 가로막았다. 그러나 자본주의는 "압도 다수의 이익을 위한 압도 다수"의 혁명도 가능하게 해 주었다.

1917년의 러시아는 선진 자본주의와는 거리가 멀었다. 모스크바와 페테르부르크를 비롯한 몇몇 지역에만 선진 공업이 있었을 뿐이며, 그곳 노동자들이 혁명을 일으켰다. 그러나 인구의 5분의 4는 더 넓은 세계를 알지 못하고, 글자도 모른 채 사실상 중세와 같은 조건에서 땅을 경작하며 농촌에 살고 있었다. 이런 이유로 레닌과 볼셰비키 지도자들은 1917년까지도 러시아에서 일어날 혁명은 사회주의 혁명일 수 없다고 주장했다. 그러나 러시아 혁명을 유럽 전역으로 번질 수 있는 혁명적 물결의 일부로 보면서 그들의 생각이 바뀌었다. 훨씬 전부터 이렇게 생각한 레온 트로츠키는 그러한 과정을 '연속혁명'이라고 불렀다. 서유럽의 선진 공업, 특히 독일의 공업이 러시아의 후진성을 극복할 수단을 제공할 것이라고 기대했다. 레닌은 그러지 못하면 "우리는 파멸할 것이다"라고 말했다.

이런 전망은 정신 나간 헛소리가 아니었다. 러시아뿐 아니라 유럽 대부분을 지배하던 다른 제국들, 즉 오스트리아-헝가리, 독일, 오스만 제국도 1917년 이후에 붕괴했다. 1918년 말 무렵에는 모스크바와 레닌그라드처럼 빈과 베를린에도 노동자·병사 평의회가 있었다. 헝가리에서는 노동자 정부가 몇 개월 동안 나라를 운영했다. 이탈리아의 "붉은 2년"은 노동자들이 거의 모든 공장을 점거한 1920년에 정점에 달했다. 스페인에서도 혁명적 운동이 분출했다. 영국 총리 로이드조지는 노조 지도자들에게 "원한다면 당신들은 혁명도 일으킬 수 있다"고 말할 정도였다.

그러나 혁명을 확산시키려는 노력은 실패로 돌아갔다. 서유럽 노동자들은 혁명적 사상의 영향을 받았으나 사민당과 노동당 지도자들은 군부·자본가들과 결탁해서 구질서를 유지시켰다. "나는 전염병만큼 혁명도 싫다." 1919년 대통령직에 오른 독일 사민당 지도자 에베르트의 말이다. 에베르트의 동료 노스케는 옛 제국 군대 장교들로 이루어진 용병 부대를 이끌고 파업과 봉기를 분쇄하면서 다음과 같이 말했다. "누군가는 블러드하운드[벨기에산 초대형 사냥개]가 돼야 한다."

러시아의 혁명 정권은 3년에 걸친 세계대전으로 폐허가 된 나라에서 옛 지배계급이 이끄는 '백군'의 공격을 받았다. 반혁명 장성이었던 코르닐로프는 "공포심이 크면 클수록 우리가 더 큰 승리를 거둘 수 있다"고 말했다. 그는 또 "러시아인의 4분의 3이 피를 흘리고 러시아의 절반이 불탈지라도 우리는 반드시 러시아를 구해야 한다"고까지 말했다.

볼셰비키를 지지하지 않는 어느 역사학자는 백군에 대해 이렇게 기록했다. "데니킨 휘하의 장군들이 발표한 공개 선언문에서는 유대인 혐오가 노골적으로 드러났다. 1919년에 우크라이나의 유대인들이 믿을 수 없을 만큼 잔인하게 집단 학살당했을 때 볼셰비즘의 적들은 서구 현대 역사상 가장 잔인한 박해를 가한 셈이었다." 콜차크 장군이 점령한 지역에서는 "무고한 남녀의 시신이 수십 명씩 전신주에 매달려 있었고 …… 기찻길을 따라 있는 사형장에 화물 열차가 이를 때마다 콜차크의 부하들은 열차에 가득 찬 희생자들을 향해 기관총을 난사했다."◆

백군이 자행한 파괴를 훨씬 더 악화시킨 것은 주요 자본주의 열강의 개입이었다. 열네 나라가 혁명을 파괴하려고 군대를 보냈다. 서방 군대 20만 명의 지원을 받은 백군이 세 방향에서 러시아의 심장을 향해 진격해 올 때인 1919년 8월, 혁명은 종말을 맞는 듯했다.

그러나 혁명은 상상할 수 없는 대가를 치르고 살아남았다. 식량은 터무니없이 부족했고, 콜레라가 창궐했으며, 몇몇 지역에서는 인육을 먹는다는 이야기마저 나돌았다. 거의 모든 공장이 원자재 부족으로 문을 닫아서 생산량은 전쟁 전의 약 8분의 1 수준까지 떨어졌다. 노동자 절반이 식량을 구하러 도시를 떠나 시골로 갔다. 도시에 남은 노동자들도 농촌에 파견된 군부대가 획득한 변변찮은 빵을 배급받아 연명했다. 혁명을 일으킨 노동계급은 해체돼서 러시아 전역으로 뿔뿔이 흩어졌다. 노동계급에 의존하는 혁명적 민주주의 또한 불가피하게 위축됐다. 투사들은 계속 권력을 쥐고 있었지만 그들의 공과를 따질 대중적 기반은 사라졌다. 그러나 그 권력을 포기한다면 끔찍한 반혁명이 일어날 것임을 투사들은 알고 있었다.

....
◆ 인용문은 모두 W Bruce Lincoln, *Red Victory*(New York, 1989) 참조.

혁명 직후 러시아로 온 서유럽 출신의 아나키스트 빅토르 세르주는 내전과 서방의 간섭이 혁명 권력에 끼친 변화를 묘사했다. 세르주는 1918년 6월까지의 상황을 다룬 ≪러시아 혁명의 첫해 The Year One of the Russian Revolution≫에서 다음과 같이 썼다.

공화국의 내부 민주주의 체제는 여전하다. 프롤레타리아 독재는 아직까지 중앙위원회나 몇몇 개인의 독재가 아니다. 메커니즘은 복잡하다. 모든 소비에트, 모든 혁명위원회, 볼셰비키당이나 좌파 사회혁명당의 모든 위원회는 그 메커니즘의 일부이고, 프롤레타리아 독재 고유의 방식으로 활동한다. 모든 포고령은 [전국 소비에트 집행위원회] 회의에서 논쟁의 대상이 되는데, 그래서 흔히 뜨거운 관심이 쏠린다. …… 여기서는 혁명 정부의 적조차 [서구] 의회에서 누리는 것보다 훨씬 더 자유롭게 연설할 수 있다.

그러나 1918년 6월에는 혁명의 핵심 지역에 대한 압박이 너무나 강력해졌다. 백군이 진군하고 있었을 뿐 아니라 혁명 정부 내의 소수 정당인 좌파 사회혁명당이 독일과의 전쟁을 다시 일으킬 목적으로 독일 대사를 암살하고 권력을 차지하려 했다. 세르주는 다음과 같이 묘사했다.

[그러한 압박은 — 하먼] 분명히 공화국의 생존을 위협한다. 프롤레타

리아 독재는 당장 민주적 요소들을 포기할 수밖에 없게 된다. 기근과 지방의 무정부 상태 때문에, 적절한 인민위원들의 수중에 권력이 집중될 수밖에 없다. …… 음모 때문에 공화국 방어를 위한 강력한 수단을 도입하는 수밖에 없다. 암살, 농민 반란, 심각한 위협들 때문에 공포정치를 실시할 수밖에 없다. …… 소비에트 기구들은 …… 현재 외부와 단절된 상태에서 작동한다.

이러한 변화는 보수주의자, 자유주의자, 사민주의자, 많은 아나키스트들이 지금까지 주장해 온 것과 달리 레닌과 볼셰비키의 어떤 사악한 책략의 결과가 아니라 외부 세력이 혁명의 목을 졸랐기 때문에 나타난 결과였다.

좌초된 당

볼셰비키당이 혁명을 수호하려고 분투하면서 당 자체도 변화를 겪었다. 1918년 초에 그 당은 당원이 약 30만 명(당시 현대적 공장에서 일하는 노동자 수의 10분의 1에 해당하는)인, 명실상부한 노동자 정당이었다. 당원들은 혁명을 방어해야 할 책임을 지고, 적군Red Army의 중추로서 지속적으로 전투에 참여하고, 도시에서 목숨을 걸고 반혁명 음모를 좌절시키고, 원료가 부족해도 산업을 가동시키려고 필사적으로 노력하는 활동가들이었다.

대다수 당원은 탄압과 세계대전의 시기에도 흔들리지 않고 사회주의 신념을 고수했다. 그러나 외부의 압력으로 많은 이들이 이 신념을 이해하는 방식에 변화가 일어났다. 사람들은 사회주의 실현을 위해 필요한 '독재'를 민주적 노동자 조직을 통해 행사되는 독재가 아니라 당의 독재로 이해하기 시작했다.

동시에 이들은 사회주의에 대한 신념은 눈곱만큼도 없는, 대다수가 옛 차르 정부 시절 중·하층 관료였던 사람들의 도움에 의존할 수밖에 없었다. 혁명 공화국이 직면한 문제들을 보면서 레닌의 걱정은 점점 쌓여만 갔다. 1920년 레닌은 다음과 같이 주장했다. "우리 노동자 국가는 관료주의로 일그러져 있다." 레닌은 당시의 국가기구를 "차르 체제에서 빌려 와 소비에트가 거의 관여할 수 없는, …… 부르주아·차르 체제의 메커니즘"으로 묘사했다.

이러한 압력들 때문에 1917년의 혁명적 민주주의 전통에서 점차 멀어지던 볼셰비키당과 국가 안에서 한 계층이 등장하기 시작했다. 이 계층의 태도를 대표하기 시작한 인물이 이오시프 스탈린이었다. 1917년에 당의 이급二級 지도자였던 스탈린이 1922년에는 죽어 가는 레닌의 자리를 점차 차지하고 있었다. 1923년 레닌은 사망하기 직전 작성한 유언장에서 당이 스탈린의 서기장 직위를 박탈할 것을 촉구했다. 당의 최고 지도부조차 부패하고 있었기 때문에 레닌의 충고는 묵살됐다.

그 뒤 10여 년 동안 스탈린이 이끄는 분파에 반대한 당원들은 축출당했고, 1936년부터 시작된 일련의 재판으로 사실상 1917년 혁명 세대 전체가 처형되기에 이르렀다. 1917~1921년에 레닌과 함께 가장 중요한 혁명 지도자로 여겨져 온 트로츠키는 소련에서 추방돼 여러 나라를 전전하다 1940년 멕시코에서 결국 스탈린이 보낸 자객에게 살해당했다.

이러한 일들은 혁명의 불가피한 결과가 아니었다. 오히려 전 세계의 기생충 같은 계급들이 혁명을 공격한 결과였다. 혁명의 확산을 위해 헌신하다 1919년에 살해된 폴란드계 독일 혁명가 로자 룩셈부르크는 일찌감치 1918년에 이 점을 이해하고 있었다.

러시아에서 벌어지는 일들은 모두 이해할 수 있는 일이며, 불가피한 인과관계의 사슬을 보여 준다. 그 사슬의 시작은 독일 프롤레타리아의 패배이고 그 끝은 독일 제국주의의 러시아 점령이다. 그러한 상황에 처한 러시아에서 최고의 민주주의, 가장 모범적인 프롤레타리아 독재, 사회주의 경제의 부흥이 마술처럼 이루어지기를 기대하는 것은 레닌과 그 동지들에게 초능력을 요구하는 것이나 다름없다. …… 세계대전으로 진이 다 빠지고, 제국주의가 목을 조르고, 세계 프롤레타리아에게 버림받아 고립된 나라에서, 모범적

20세기의 혁명들 *137*

이고 흠 없는 프롤레타리아 혁명은 기적일 것이다.*

목졸려 죽은 사람은 결국 냄새나고 창백한 시체가 돼 벌레가 들끓겠지만, 그 이유로 생전의 인간을 비난할 수는 없다. 1917년의 살아 있는 혁명은 교살됐지만, 혁명이 변질됐다고 해서 혁명 자체를 비난해서는 안 된다.

국가자본주의

1917년 혁명 세대의 몰살은 러시아 사회에서 일어난 근본적 변화의 징후였다. 1920년대 소련은 여전히 노동자·농민의 이해관계를 어느 정도 대변하는(이조차도 점차 희미해지고 있었다), 그러나 점차 관료화하는 계층이 통치했다. 그러나 1928년에 이르면 자본주의 세계 체제의 후진국에서 고립된 국가를 유지하려 할 때 부딪히는 난점들이 불거졌다.

스탈린 주위의 관료들은 혁명을 확산시켜서 세계 체제의 압력을 극복하려는 희망을 모두 포기했다. 그들은 단 하나의 선택만

----

* 로자 룩셈부르크, ≪러시아 혁명≫(The Russian Revolution), http://www.marxists.org/archive/luxemburg/1918/russian-revolution/ch08.htm에서 전문을 볼 수 있다.

이 남았다고 생각했다. 그것은 노동자와 농민의 생활수준을 공격해 다른 자본주의 국가들과 경쟁할 수 있는 공업을 건설하는 것뿐이었다. 이들은 농촌으로 군대를 보내 먼저 곡물을 몰수하고 그 다음에는 토지를 몰수하면서 이 과정을 '집산화'라고 불렀다. 스탈린 정권은 노동조합 독립성의 마지막 근거마저 없애고, 노동자 실질임금을 약 50퍼센트나 삭감했다. 전체 인구의 절반에 달하는 소수민족에 대한 억압이 되살아났다. 땅을 잃거나 권리를 빼앗긴 데 저항하는 사람들은 강제 노동수용소에 수감됐다. 그 수는 1928년 3만 명에서 1930년에 66만 2000명으로 늘어났고 1930년대 말에는 무려 500만 명에 이르렀다. 스탈린 정권은 시나 연극이 대중의 고통을 표현할까 봐 두려워서 지식인들을 회유하거나 공포에 질리게 해 굴복시켰다.

스탈린 치하 소련에서 유력해진 전체주의 구조와, 기존 열강들과 경쟁하기 위한 공업 건설 정책 사이에는 연관이 있다. 그러나 스탈린주의를 볼셰비즘의 논리적 연장으로 보면, 이 연관은 도저히 이해할 수 없다.

경제적 후진국에서 공업화는 항상 대중을 희생시킨 대가로 얻어진 것이었고 흔히 야만적인 수단이 동원됐다. 영국의 산업혁명도 마찬가지였다. 산업혁명의 바탕에는 농민을 토지에서 몰아내기, 공장의 아동 노동, 사람들을 강제로 일하게 할 구빈원의 설립, 수많은 아프리카인의 노예화, 인도의 수탈과 빈곤화가 있었다. 이 과정은 300년이나 걸렸다. 스탈린도 비슷한 방법을 썼지만 그 기간을 20년으로 단축했다. 농업 집산화, 강제 노동수용소, 1945년 이후 동유럽 점령이 그 과정이었다. 이에 따라 야만적 행위도 압축적으로 일어났다.

스탈린은 이 체제를 사회주의로, 러시아 지배계급의 정당을 공산당으로 불렀다. 다른 나라의 좌파들은 대부분 그 말을 곧이곧대로 믿었으며, 우파들은 사회주의는 전체주의와 빈곤을 낳을 수밖에 없음이 소련에서 입증됐다고 주장할 수 있었다. 양편 다 스탈린 체제와 서구 자본주의 사이의 유사성을 간과했다. 즉, 두 체제 모두에서 대중은 지배자들끼리 경제적·군사적으로 서로 경쟁하는 착취 체제에 종속돼 있었던 것이다.

20세기의 나머지 혁명들

러시아 혁명만이 20세기의 유일한 격변은 아니었다. 멕시코, 터키, 독일, 오스트리아, 중국, 이집트, 이라크, 이란, 베트남, 쿠바, 포르투갈, 니카라과에서도 격변이 일어났다. 그러나 이 중 어느 나라에서도 노동자들이 민주적으로 조직해서 노동자 권력을 수립하지는 못했다. 일부 혁명에서는 대중운동이 옛 왕정을 타도하기는 했지만 더 나아가지 못하고 자본주의에서 허용되는 제한적 민주주의로 대체하는 선에서 그치고 말았다. 제1차세계대전 종전 후의 독일과 오스트리아, 제2차세계대전 종전 후의 이탈리아에서 그랬다. 다른 사례로 1920년 멕시코에서는 신흥 부르주아 계층이 옛 부르주아지를 대체했지만, 혁명적 슬로건을 사용하면서도 음모를 꾸며 혁명 지도자들을 살해했다.

이 밖에도 사회주의 혁명, 심지어 공산주의 혁명이나 마르크스주의 혁명을 자칭하는 혁명운동들이 성공하기도 했다. 그러나 면밀히 분석해 보면, 이러한 혁명들은 1917년 러시아의 혁명적 노동계급 민주주의와는 한참 거리가 멀었다. 그러한 혁명에는, 권위주의적 방식으로 운영되고 농민 출신 병사들과 중간계급 출신 지도자들로 구성된 다양한 규모의 게릴라 부대들이 있었다. 이 점은 1949년 중국 베이징을 점령한 인민군, 1954년 베트남에서 프랑스를 물리친 베트민Vietminh[호치민이 지도하는 베트남 독립동맹군]과 그 후신인 NLF[베트남 민족해방전선](1975년에 끝난 전쟁에서 미국을 남베트남으로부터 몰아낸)의 특징이었다. 이러한 세력들은 외세의 지배와 지주들에 반대하는 대중적 저항을 대표하기는 했지만, 결코 대중의 민주적 통제를 받지는 않았다.

1952년 이집트에서 혁명을 일으켜 정권을 장악하고 제국주의에 반대하고 산업의 85퍼센트를 국유화하고 토지를 재분배한 압둘 나세르 정부도 마찬가지였다. 쿠바에서 1959년 새해 첫 날에 권력을 장악한 반란군도 마찬가지였다. 쿠바의 노동자·농민 대중은 혁명의 진로나 경제 계획의 목표를 놓고 자유롭게 논쟁한 적이 한 번도 없었으며, 이러한 현실은 지금까지도 계속되고 있다. 쿠바의 노동자와 농업 노동자들은 선호하는 정책에 박수를 보내거나 그렇지 않으면 조용히 불평할 수는 있다. 그러나 스스로 조직하거나, 상층부와 다른 견해를 담은 출판물을 배포하거나, 사회 진보와 관련된 법안들에 투표하는 것은 허락되지 않는다.

쿠바의 카스트로 체제와 유사한 체제들은 이전의 사회보다 일부 더 나은 점이 있었을지도 모른다. 그리고 오늘날 쿠바의 목을 조르고 있는 미국의 봉쇄에 반대해 쿠바를 옹호해야 한다. 그러나 이런 사회가 21세기 혁명의 목표일 수는 없다. 실제로 이 체제들은 서방 자본주의와 훨씬 더 닮아 가는 징후들을 보이고 있다.

11

인간 본성과 자본주의의 대안

혁명적 변화에 반대하는 사람들이 항상 내세우는 핵심 근거가 하나 있다. 바로 인간 본성이다. 그들은 인간 본성 때문에 자본주의의 특징인 경쟁과 탐욕을 대체할 대안이 있을 수 없고, 모든 혁명은 결국 옛 지배자들과 똑같이 민중을 대하는 새 지배자들을 낳을 뿐이라고 주장한다. 그들은 또 프랑스 대혁명 당시 온건파 인사의 말을 인용해 혁명은 "자기 자식을 집어삼키고 만다"고 주장하는데, 그 이유도 인간 본성 때문이다.

이런 주장들의 근거는 인간이 "털 없는 원숭이"이고 따라서 인간에게는 영장류 선조에게 물려받은 경쟁심과 폭력 성향이 있다는 것이다. 어떤 저술가는 다음과 같이 썼다.

위계질서는 모든 사회적 동물의 관습이고, 무리를 지배하려는 욕망은 300만~400만 년 된 본능이다. …… 인간의 소유욕은 동물적 본능의 표현일 뿐이다. …… 민족주의는 인간과 가까운 거의 모든 영장류의 사회 영역에 깊이 뿌리박혀 있다. …… 인류의 원시 조상들은 다른 종들과 그리고 자기들끼리 끊임없이 혈투를 벌였다.*

사회생물학과 더 최근의 진화심리학 같은 이른바 과학들이 그와 같은 주장을 정교하게 포장하는 데 이용됐다. 세계적인 곤충학자 한 사람이 공동 집필한 책을 보면, 기업가 정신, 공격성, 악의, 순응, 외국인 혐오, 성(性)역할 등은 유전자에 내재돼 있다. 또 그 책에서는 인간 본성을 "비교적 구조화되지 않은 것으로, 대체로 또는 전적으로 외부 사회·경제적 조건의 산물로" 이해해서는 안 된다고 주장했다.**

그러나 인간의 유전적 기질에는 다른 생물과 구분되는 핵심 특징이 하나 있다. 동물들은 제한된 환경에서 행동할 수 있게끔 유전적으로 협소하게 프로그램돼 있는 반면, 인간은 매우 유연하게 행동할 수 있어 세계 곳곳에서 번성할 수 있다는 점이다. 인간의 유전적 특이성은 인간이 본능적 행동만을 하지도 않고

---

* Robert Ardrey, *African Genesis*(London, 1969).
** Charles J Lumsden and Edward O Wilson, *Genes, Mind and Culture* (Cambridge, 1981).

그런 행동에 제약받지도 않는다는 점이다. 그 한 가지 결과로 인간은 남의 일에 발 벗고 나서서 도와주는 것부터 이기적 행동과 폭력까지 매우 다양한 행동을 한다. 어떠한 행동이 우세할지는 유전적으로 결정되는 것이 아니다.

현생 인류 등장 이후 94퍼센트의 기간 동안 인류의 선조는 수렵과 채집을 하며 살다가 그 후에야 농경과 정착 생활을 시작했다. 진화생물학자들은 현대 인간의 행동 방식이 수렵과 채집을 하던 그 시기에 유전적으로 결정됐다고 주장한다. 그러나 수렵·채집 사회들을 연구한 결과를 보면 인간 본성에 대한 전형적인 견해와는 무척 다른 특징들이 드러난다. 아래 글은 일찌기 캐나다 몽타녜 지역의 수렵·채집 사회를 관찰한 사람이 1834년에 남긴 기록이다.

이 거대한 숲에서는 수많은 유럽인들을 지옥과 고초로 내몬 두 폭군, 즉 야망과 탐욕을 찾아볼 수 없다. …… 여기서는 아무도 재산을 얻으려고 악마에게 영혼을 팔지 않는다.◆

아래는 어느 인류학자가 최근 발표한 연구 결과다.

이 사회에는 계급 분할은 말할 것도 없고 공식적인 지도부도 없다.

◆ M Sahlins, *Stone Age Economics*(London, 1974).

남자든 여자든 일상적인 생활 방식을 스스로 결정할 수 있다. ……
누구와 함께 사냥을 갈지, 채집을 할지 등 날마다 어떻게 시간을 보
낼지를 자유롭게 결정한다.*

수렵·채집 사회의 개인들은 계급사회의 대중보다 한없이 더
자율적인 삶을 영위한다. 그렇다고 이기주의가 만연하는 것도
아니다.

서남아프리카에 사는 쿵족!Kung[칼라하리 사막에 살고 있는 민족]의
수렵·채집 사회를 철저하게 연구한 인류학자 리처드 리는 다음
과 같이 결론 내렸다.

우리의 과거에 강력한 영향을 미친 것은 오래된 평등주의 분배 경
험이다. 우리가 위계적인 사회의 삶에 익숙한 것처럼 보이고 세계
도처에 끔찍한 인권 유린의 역사가 있다고 해도, 인류에게는 유서
깊은 평등주의, 호혜주의, 유서 깊은 …… 공동체주의의 흔적이
있다.**

....

* E Friedl, *Women and Men : the Anthropologist's View*(New York, 1975).
** R Lee, '"Reflection on Primitive Communism", in T Ingold and others, *Hunters and Gathers vol 1*(New York, 1991).

놀랍게도, 20세기의 가장 저명한 우파 경제학자 프리드리히 폰 하이에크도 못마땅하게 여기면서도 똑같은 견해를 표명한 바 있다. 즉, 위험스러운 "타고난 본능" 때문에 대중은 "조직적인 권력을 이용해 각자에게 각자의 몫을 나눠 주는 공정한 분배"를 원한다는 것이다.

다양한 인간 본성

그렇다고 해서 사람들이 저절로 긍정적으로 행동하도록 이끄는 훌륭하고 온순한 인간 본성이 있다는 말은 아니다. 오히려 인간의 행동은 가변적이며 처한 상황에 따라 달라진다. 수렵·채집 사회에서 사람들이 협동한 이유는 협동과 배려를 통해서만 생존할 수 있었기 때문이다.

약 1만 년 전에 우리 조상의 일부가 수렵과 채집 이외의 생활양식에 적응하기 시작한 이래, 인류는 다종다양한 수많은 사회에서 살아 왔다. 가벼운 괭이를 이용한 농업, 방목과 어업에서 무거운 쟁기를 이용한 농업, 장거리 무역과 수공업을 거쳐 마침내 대공업에 이르렀다. 여러 친족 혈통에 바탕을 둔 사회, 특권을 누리는 종교 집단이나 왕족이 지배하는 사회, 서로 싸우는 지주들이 지배하는 사회, 서로 경쟁하는 생산수단 소유자들이 임금노동자를 착취하는 사회가 있었다. 모든 사회마다 독특한 행동 양식이 생겨나서 사람들의 머릿속에 깊숙이 배어들어 아주 자연스러워 보이게 됐다. 그래서 중세 시대에는 타고난 신분이나 카스트[인도의 세습적 계급 제도] 같은 고정된 위계질서가 사회의 근간이라는 생각이 유럽과 아시아, 아프리카에서 자연스레 받아들여졌다. 오늘날에는 개인들이 사회적 지위 상승을 위해 서로 경쟁하는 것이 당연하게 여겨진다. 경쟁의 승자는 거의 언제나 상류층 출신이지만 말이다.

이른바 봉건제 사회 형태에서 다른 사회 형태인 자본주의로 이행하면서 '인간 본성'에도 변화가 생겼다. 오늘날의 사고·행동 방식은 자본주의 사회에 고유한 것인데, 이것은 수백 년 동안 자본주의 사회가 우리에게 주입한 것이다.

그러나 문제는 여기서 끝나지 않는다. 그랬다면 다른 가치에 바탕을 둔 사회를 어떻게 건설하는지 알기 어려울 것이다. 자본주의의 바탕에는 마르크스가 말한 "사회적 생산과 사적 전유"의 모순적 결합이 있다.

한편으로 자본주의의 세계적 생산 체제는 공장, 광산, 항만, 창고, 슈퍼마켓, 사무실, 농장에서 수많은 노동자들이 집단적으로 일하도록 불러 모은다. 각 작업장은 교통과 통신 네트워크로 서로 연결돼 있다. 이 때문에 사람들 간에 협력적인 상호작용이 끊임없이 일어난다. 모든 작업장에서 노동자들은 경쟁뿐 아니라 협력도 한다. 그러지 않았다면 자본주의 체제는 진작에 멈추었을 것이다. 간호사는 근무 일정이나 급여 수준을 따지기 전에 환자를 돌본다. 교사는 보너스를 요구하기 전에 읽기가 서투른 학생들을 돕는다. 군인들은 흔히 동료를 위해 목숨을 건다. 이런 성향들은 체제의 여러 모순 중 하나 때문에 더 강화된다. 그 모순이란 노동 과정이 복잡해질수록 위로부터의 통제도 그만큼 어려워진다는 것이다. 경영진은 작업장에서 무슨 일이 벌어지는지 완전히 알 수 없으며, 노동자들의 이타심과 성취 의욕에 더욱 의존하는 수밖에 없다. 그래서 노동자들이 자신의 업무에 흥미를 느끼도록 참여를 유도하는 방식들이 고안된다. 가장 일상적인 수준에서조차 사람들은 길을 묻거나 비상시 구조를 요청하는 등 타인의 도움을 얻는다.

다른 한편, 노동의 열매를 가로채는 기업들과 국가들 사이의 가차 없는 경쟁 때문에 이 모든 노력은 한계에 봉착한다. 자본주의 체제는 협동과 이기심, 이타심과 공격성, 배려와 증오를 동시에 부추긴다. 이 체제에서는 최선의 의도조차 왜곡된다. 자녀들에게 도움을 주려고 부모는 더 좋은 유치원과 학교에 보내려고 경쟁해야 한다. 빈곤 퇴치 활동을 하는 자선단체는 다른 자선단체와 자선 기금을 두고 경쟁한다. 자본주의 사회 '인간 본성'의 이러한 모순이야말로 최근 역사에서 희망과 절망이 뒤섞여 있는, 즉 전쟁과 참극이 이타심·연대와 공존하는 이유를 설명해 준다.

협동과 호혜의 진정한 가치는 자본주의 체제를 떠받치는 노동자들이 투쟁에 나설 때만 발현된다. 투쟁을 통해 협동 정신은 경쟁의 해악에서 비로소 벗어난다. 비록 작은 규모의 방어적 투쟁에서도 사람들은 자본주의의 가치에 도전하는 사상들, 즉 단결과 연대, 집단적 노력의 정신을 받아들이기 시작한다. 중대한 투쟁이 벌어지면 전과 다른 사회 운영 방식을 지향하는 새로운 협동 방식이 등장한다. 협동 정신은 파업위원회와 피켓라인, 노동자 평의회와 노동자 시민군에서 최고로 표현될 수 있다.

거대한 시위는 연대감을 자아내고, 이러한 연대감 때문에 일상적 삶의 원자화나 이기심이 무너지기 시작한다. 대규모 파업이 벌어지면 연대감은 며칠이나 몇 주, 몇 개월 동안 지속될 수 있다. 그러나 혁명은 삶을 송두리째 바꾼다. 그래서 거의 모든 설명에서 반복되는 혁명의 독특한 특징이 하나 있다. 혁명기에는 경찰력이 와해되는데도 범죄가 줄어든다는 것이다.

프랑크 옐리네크는 저서 ≪1871년 파리코뮌 The Paris Commune of 1871≫(London, 1937)에서 파리코뮌 당시의 변화에 대해 이렇게 썼다. "치안은 조금도 나빠지지 않았다. …… 폭력 범죄는 드물었고 강도는 현저히 줄었다." 조지 오웰은 1936년 말 바르셀로나의 혁명적 분위기를 다음과 같이 묘사했다.

웨이터와 점원들은 손님의 눈을 똑바로 쳐다보며 동등한 관계로 대했다. 굽신거리거나 의례적인 말투는 일시적으로 사라졌다. …… 무엇보다 혁명과 미래에 대한 확신, 갑자기 자유와 평등의 시대가 열렸다는 생각이 들었다. 인간이 자본주의라는 기계의 톱니바퀴가 아니라 인간답게 행동하기 시작했다.

1980년 폴란드의 그단스크 조선소 점거 당시 영화감독 안제이 바이다는 "평안하고 차분하고 축제 같은 분위기, 뭔가 고귀하고 비범한 느낌"을 받았다고 했다. 그해 말 노동자 운동은 폴란드의 모든 작업장으로 확산됐는데, 어느 사회학자는 다음과 같이 서술했다. "사람들 사이에서 짜증과 공격성이 대부분 사라졌다. 사람들은 서로 친절하게 대한다." 아르헨티나의 어느 심리학자는 2001년 실업자 운동 피케테로스가 발전하자 심리적 고통이 급격히 줄어들었다고 지적했다.

각 사례에서 보듯이, 투쟁이 벌어지면 '인간 본성'의 한 요소가 다른 요소를 대체하기 시작했다. 생산의 사회적 요소, 즉 사람들을 단결시키는 요소가 사람들을 분열시키는 '사적 전유'(착취)의 굴레에서 벗어났다. 21세기에도 일어날 수밖에 없는 혁명적 격변에서 인간 본성이 변화를 겪을 것이라는 점은 확실하다. 다만 이런 변화가 줄곧 지속될지 아니면 순간의 기억에 머물지는 모르는 일이다.

12
인간의 필요를 위한 계획

혁명은 단지 지배계급을 타도하는 것에서 그치지 않는다. 혁명으로 인간이 생계를 꾸리는 새로운 협력 방식도 시작된다. 10억 명이 날마다 굶주림에 시달리는 물질적 어려움을 해소하고, 수많은 사람들의 삶을 주기적으로 파괴하는 경제 위기를 끝장내고, 엄청난 낭비와 환경 파괴, 군비 지출을 멈추고, 대다수 사람들이 다람쥐 쳇바퀴 같은 일상에서 자유로워지려면, 새로운 협력 방식이 필요하다.

생산수단의 통제는 그 전제 조건이다. 어쨌든 다국적기업을 지배하고, 세계의 생산물 대부분을 어떻게 처리할지를 결정하는 극소수 중 특별한 생산 기술을 가진 사람은 아무도 없다. 그들은 단지 재산이 많아서 남들에게 돈을 주고 자신이 원하는 일을 시킬 수 있는 것뿐이다.

복잡성과 계획

자본주의를 옹호하는 사람들은 사회를 다른 방식으로 운영하는 것은 불가능하다고만 주장한다. 경제학자 알렉 노브는 영향력 있는 저서 ≪실현 가능한 사회주의 경제학The Economics of Feasible Socialism≫(London, 1983)에서 현대의 생산방식은 너무 복잡해서 자본주의 시장 메커니즘 말고는 대안이 없다고 주장한다. 현대 생산방식에는 엄청나게 많은 부품을 포함해 아주 많고 다양한 생산물 생산이 필요하다. 따라서 민주적 계획을 도입하려는 시도는 옛 소련의 관료주의 같은 것을 낳을 뿐이고 매우 비효율적이라는 것이다. 알렉 노브는 "복잡한 현대 경제는 중앙집권적 통제와는 도통 맞지 않는다. 그렇게 하려다간 압도되기 마련이다"라고 주장한다.

그러나 생산의 기술적 복잡성이 민주적 계획경제에 장애가 된다면, 수백 명에 불과한 억만장자들이 통제하는 세계경제에도 장애가 될 수밖에 없다. 그들이 이 세계적 생산 제국들을 수익을 내며 운영하려면, 3개월이나 2년 후에 필요한 수많은 부품과 생산요소의 공급을 시장의 맹목적인 작동에 의존할 수는 없다. 그들도 계획을 수립할 수밖에 없다.

40년 전에도 그랬다. 당시 영국 기업 루츠는 경차를 생산하려고 다음과 같이 해야 했다.

1만 6000여 개나 되는 부품을 주문하고, 정확히 작업 스케줄을 짜고, 배치했다. …… 몇 가지 기본 모델에서 수천 가지 변형 모델을 만들어 낼 수 있게 제작 기계를 조정했다. …… 약 5년 주기로 모델을 교체해야 했다.◆

오늘날 영국의 식료품 판매를 지배하는 3대 슈퍼마켓 체인점도 비슷한 수준의 복잡한 계획을 세워야 한다. 슈퍼마켓 체인점들은 매달, 매년 매장에 다양한 상품이 적절하게 공급되기를 바란다. 그들은 시장이 이를 해결해 주리라 기대하고 그저 손 놓고 있지는 않는다. 오히려 필요한 예상 품목을 확보하려고 음식 가공업, 대부분의 영국 농업, 그리고 스페인·케냐 등 여러 나라 농부들의 목을 조른다.

그러나 자본주의에서 계획의 목적은 대중의 필요 충족이 아니라 기업들이 경쟁에서 승리하는 것이다. 그러한 계획은 자신의 부를 이용해 생산을 지배하는 자들의 명령에 따라 수립된다.

....
◆ G Turner, *The Car Makers*(Harmondsworth, 1964).

그들은 소기업과 농민을 상대로 시장 질서를 유리하게 조작하고 모든 노하우를 자신의 목적에 맞게 전용할 수 있는 힘이 있다.

당연하게도, 다국적기업을 운영하는 자들이 자신들의 목적에 부합하는 계획을 수립할 수 있다면, 민주적 노동자 권력 기구가 그러지 못할 근본적 이유는 없을 것이다. 오히려 노동자 권력의 민주적 계획이 훨씬 효과적이다. 사실, 자본주의 기업의 계획은 경쟁업체들의 사업 전망에 타격을 가하려는 노력 때문에 늘 어그러진다. 자본가들의 계획은 흔히 중도에 포기되고, 그래서 주변 협력업체들을 혼란에 빠뜨린다. 노동자 정부는 가령 모든 식료품 공급을 민주적으로 결정된 목표에 종속시키기 때문에 이러한 곤란을 겪지 않을 것이다. 그래서 산업 내의 경쟁이 아니라 산업 전체의 협력이 가능해질 것이다.

민주적 계획이 의미하는 바는 오늘날 개별 기업들이 하듯이 생산에 필요한 다양한 부품의 수를 미리 헤아리는 것이 아니다. 민주적 계획은 경제의 전반적인 운영이 민주적 통제에 따라 결정되는 것이다. 중요한 것은 투자가 반드시 인간의 필요에 따라 이루어진다는 것이다. 그러한 민주적 통제는 사회 전체의 부를 생산하는 노동자들이 선출하고 소환할 수 있는 대표들을 통해 수행돼야 한다. 이들은 인공신장과 자동차 중에서 무엇이 생산의 우선순위인지, 노동시간을 단축할지 말지, 생활수준을 끌어올리기 위해 추가 노동을 할지 말지를 결정할 것이다.

핵심적인 결정들은 중앙집권적으로 이루어져야 할 것이다. 그러지 않으면 대규모 생산 단위들이 서로 판매 경쟁을 벌일 수도 있다. 그러나 일단 경제 전체에서 중요한 결정이 내려지면 경제의 각 부문이 이를 달성하기 위해 적용할 때는 상당한 재량이 허용될 것이다. 국가가 모든 생산 단위를 반드시 중앙집권적으로 통제할 필요는 없다. 각 단위를 운영하는 사람들의 기본적인 민주적 의지만 있으면 된다. 다시 말해, 혁명적 대결 때 노동자들이 생산 단위를 통제하게 될 텐데, 그들이 자신의 행동을 자유로운 토론 속에서 내려진 결정에 따라 조정해야 한다는 것을 인정하면 되는 것이다.

이것은 과거 스탈린주의, 사민주의, 제3세계 정부가 실행한 '계획'과는 정반대다. 이 중 어느 정부도 계획을 진정으로 민주적 통제를 받는 기구에 맡긴 적은 없었다. 그런 사회에서는 부를 생산하는 노동자들은 생산물과 생산의 목적에 대해 결정권이 없었다. 지배자들 간의 경쟁, 예컨대 미국과 소련의 무기 경쟁으로 나타난 동방과 서방의 경쟁으로 이른바 '계획'은 철저히 왜곡됐다. 이는 슈퍼마켓 체인점들의 경쟁으로 계획이 왜곡되는 것과 조금도 다를 바 없었다. 혼란이 일어난 것은 경제의 복잡성 때문이 아니라 세계 자본주의의 거인들과 경쟁해야 했기 때문이다. 소련 경제 규모는 가장 전성기에조차 미국 경제 규모의 절반에도 못 미쳤다. 그 결과 경쟁의 압박은 점차 심해질 수밖에 없었는데, 이는 구멍가게가 세인즈버리[영국의 대형 슈퍼마켓 체인]보다 테스코[세인즈버리보다 규모가 큰 영국 최대 슈퍼마켓 체인]와 경쟁할 때 훨씬 힘든 것과 마찬가지다.

21세기 혁명이 진정한 민주적 계획으로 가는 길을 열려면 스탈린이나 그 후계자들의 목표와는 완전히 다른 목표를 세워야 한다.

자본주의 '발전' 대 국제주의

21세기 혁명은 한 나라에서 처음 승리한 뒤 다른 나라로 확산될 때만 그 목적을 달성할 수 있다. '일국사회주의'를 건설하려는 노력의 역사를 보면 '일국사회주의'가 전혀 가망 없음을 알 수 있다. 세계 체제인 자본주의에서는 전 세계적으로 자원의 불균등한 분배와 국제 분업이 이뤄졌다. 인간의 필요를 완전히 충족시킬 수 있는 자원을 모두 보유한 나라는 없다.

이 점은 제3세계에 속하는 개별 나라들에서 더 명백하다. 대다수 제3세계 나라들은 몇백 년 동안 제국주의 수탈을 겪은 뒤 너무 빈곤해져서 선진국 수준에 이를 수 있는 공업화 수단을 자국 내에서는 찾을 수 없다. 그나마 발전한 제3세계 나라들의 바탕에는 대다수 노동자와 농민에 대한 야만적인 독재자의 억압이 있었다. 소련과 중국만이 아니라 대만과 한국도 그랬다. 심지어 많은 좌파들이 더 나은 사례로 여기는 쿠바에서도 1960년대의 자립 경제 발전 노력은, 1970년대에 사실상 경제 활동 전체를 설탕 생산에 종속시켰는데도 설탕 1000만 톤 생산이라는 목표 달성에 실패한 뒤 물거품이 됐다. 그 결과 쿠바는 과거에 미국에 의존했듯이 그 후 소련에 의존할 수밖에 없었고, 1991년 소련이 몰락하자 쿠바 국민들은 극심한 물자 부족과 빈곤에 시달렸다.

21세기에 필요한 것은 20세기에 제3세계의 중간계급과 다국적기업의 전문가들이 이해했던 발전이 아니다. 즉, 서방과 견줄 만한 수준으로 산업을 육성하려고 수많은 노동자와 농민을 쥐어짜내는 노력이 필요한 것이 아니다. 오히려 제3세계 국내의 부자들과 세계 체제에 기생하는 자들에게 현재 흘러 들어가는 막대한 자원을 수많은 사람들의 삶을 개선하는 데 사용하도록 전용하는 것이 필요하다. 이것은 과거 발전과는 사뭇 다른 발전이 될 것이다. 궁극적으로 이러한 발전을 이룩할 수 있느냐 없느냐는 가난한 나라의 자원만이 아니라 선진 자본주의가 통제하는 자원 중 적어도 일부라도 이용할 수 있느냐 없느냐에 달려 있다.

그렇다고 한 나라에 사는 수많은 사람들이 그저 가만히 앉아서 다른 나라에서 혁명이 일어나기만 기다릴 수는 없다. 직접 권력을 장악해서 당장 여러 조처를 취할 수도 있다. 경제 위기가 첨예해지면 일국의 실제 생산은 잠재 수준에 훨씬 못 미치기 마련이다. 이런 상황에서 부자들의 부를 대중에게 재분배하는 혁명적 변화는 일거에 생활수준을 향상시킬 수 있다. 아르헨티나 같은 나라에서 보듯 수많은 사람들이 굶주리고 있는데도 외채 이자를 상환하려고 엄청나게 많은 식품을 수출하고 농업 자본가들의 이윤을 늘려 주는 상황은 불합리하기 짝이 없다. 게다가 이러한 생활수준 향상을 유지하려면 일국을 넘어서는 새로운 국제 분업의 창출이 필요한데, 이는 오로지 혁명의 확산으로만 가능해질 것이다.

일국에서 돌파구를 연 혁명이 반드시 다른 나라로 확산된다는 보장은 없다. 앞서 보았듯이 1917년 러시아 혁명은 독일과 유럽의 혁명적 물결에도 불구하고 결국 고립됐다. 1959년 쿠바 혁명도 라틴아메리카에 희망의 물결을 일으켰지만, 미국의 긴급 지원을 받은 라틴아메리카 각국 정부를 쓸어버리기에는 역부족이었다.

그러나 이러한 결과가 필연적인 것은 아니다. 혁명의 가능성을 열어젖힌 경제·사회·정치적 위기는 각 나라 안에 머물지만은 않을 것이다. 1917~1920년, 1934~1936년, 1943~1945년, 1956년, 1968~1975년, 1989~1991년처럼 20세기의 가장 중요한 혁명적 분출은 모두 국제적 규모로 발생했다. 그때마다 한 나라 안에서 벌어진 일은 다른 나라에 결정적 영향을 미쳤다.

이미 21세기 초부터 이와 유사한 물결의 징조가 보인다. 2003

년 2월 15일 반전 시위는 각 나라에 국한되지 않고 서로 다른 나라에 영향을 미치면서 인류 역사상 단일 쟁점으로는 가장 많은 사람들을 거리에 결집시켰다. 어느 추정에 따르면 전 세계에서 어림잡아 2000만 명이 행진했다. 라틴아메리카의 운동들은 서로 긍정적 영향을 미치면서 사기저하와 침체에서 벗어나 20년 만에 혁명의 희망이 다시 싹트고 있다. 유럽에서는 신자유주의 개악 조치를 강요하는 각국 정부 때문에 국경을 뛰어넘는 저항이 나타나면서 대륙 전체에서 새로운 좌파의 탄생을 촉진하고 있다.

어느 대륙에서건 혁명이 성공을 거둔다면, 이웃 나라들로 확산될 가능성이 농후하다. 그래서 단기적으로뿐 아니라 장기적으로도 대중의 삶을 개선하는 데 필요한 자원을 민주적 계획경제 과정으로 끌어들일 수 있을 것이다.

결론

역사의 문을 두드리기

내가 이 책의 초고를 쓰고 있을 때, 볼리비아에서 다시 반란이 일어나 대통령 메사가 쫓겨났다. 이메일, 웹사이트, 신문 보도를 보면 마치 1917년 여름의 페트로그라드, 1919년 1월의 베를린, 1936년 가을의 바르셀로나를 연상시키는 사진을 볼 수 있다. 그런 글이나 그림은 총파업, 도시를 행진하는 농민 행렬, 유정油井과 공항 점거, 파업 중인 광원이 경찰 저지선을 뚫으려는 파업 교사에게 다이너마이트를 건네는 모습, 대통령궁을 점거하려는 시도, 볼리비아 동부 석유 자본가들의 분리 독립 위협, "내전을 불사하겠다!"고 외치는 라파스[볼리비아의 행정수도] 노동자들, 엄청나게 많은 성난 대중에 겁을 먹고 대통령을 탄핵하는 의회 등을 묘사했다. 그러나 마침내 양측이 휴전에 합의해서 파업이 끝나고 시위대가 라파스를 떠나는 모습도 묘사했다.

칼 마르크스는 언젠가 "역사의 두더지"에 대해 언급한 적이 있다. 이 두더지는 사건의 표면 아래 숨어 있다가 얼핏 전능해 보이는 기구들을 무너뜨리면서 갑자기 등장한다. 볼리비아에서 그랬다.

1980년대와 1990년대는 대다수 볼리비아인들에게 악몽의 시기였고 라틴아메리카의 다른 지역에서도 마찬가지였다. 신자유주의적 '개혁'으로 경제가 파탄나서, 이미 사하라 사막 이남 지역과 비슷한 수준이었던 볼리비아의 생활수준은 더한층 하락했다. 1985년 주석 광산의 광원 2만 명(전국 광원의 절반이다) 대량 해고와 탄광 폐쇄로 말미암아 노동계급은 피폐해졌다. 정치는 백인 소수 특권층의 전유물이 됐다. 1952년 혁명 이후 쟁취한 작은 토지로 먹고살던 농민들은 투쟁이 더 나아가야 한다는 호소에 무관심했고, 한때 비중 있는 세력이었던 볼리비아 좌파는 지난 영광의 그림자였을 뿐이었다.

그러나 거의 눈에 뜨지 않는 변화가 일어나면서 기성 질서에 도전할 수 있는 새로운 세력이 서서히 태동하고 있었다. 농민들은 자기 토지가 더는 안전하지 못하다는 것을 깨닫기 시작했다. 농업이 점차 시장의 힘에 종속되면서 소농들은 기존 방식으로 생계를 유지하기 힘들어졌기 때문이다. 확실한 시장성이 있는 유일한 작물인 코카(코카인의 원료) 재배마저 미국이 벌이는 "마약과의 전쟁" 때문에 위태로워졌다. 볼리비아의 가장 외진 지역까지 통신이 보급되자 전체 인구의 3분의 2를 차지하고 스페인어를 모국어로 사용하지 않는 아이마라족과 케추아족 원주민들은 억압에 눈을 뜨기 시작했다. 이들은 470년 전에 스페인이 잉카 제국을 정복한 이래 겪어 온 천대에 맞서 스스로 조직하기 시작하면서, 18세기와 19세기에 선조들이 벌인 항쟁을 자랑스럽게 떠올렸다.

마지막으로, 오래된 다른 산업 부문이 몰락함과 동시에 새로운 노동계급이 등장했다. 원주민들은 가난한 시골을 떠나 엘알토 같은 곳에서 거처를 찾기 시작했다. 엘알토는 수도 라파스에 인접한 빈곤한 거대 도시였다. 많은 논평가들이 볼리비아가 '탈산업화'로 접어들었으며 노동계급이 사라지고 있다고 주장했지만, 제조업 노동자 수는 오히려 증가했다. 주요 도시의 제조업 노동자 수는 1986년 11만 7000명에서 1995년 23만 1000명으로 늘어났는데, 그중 38퍼센트는 30인 이상의 작업장에서 일하고 있었다. 증가한 노동자들은 건설 노동자와 주석 이외의 금속을 채굴하는 광원들이었다. 1997년 무렵이면 임금노동자의 수(140만 명)는 농민 수에 거의 육박했다.

자본주의 자체의 논리 때문에 이 신흥 세력은 능동적일 수밖에 없었다. 코차밤바 지역에서는 물 사유화로 물값이 치솟자 노동자와 농민 수만 명이 시위를 벌이고, 경찰과 싸우고, 2001년에는 도로를 봉쇄해 나라 전체를 마비시킬 수 있음을 깨달았다. 코차밤바에서 물 사유화 저지 투쟁이 승리하자 다른 지역에서도 그 투쟁의 전술을 모방했다. 코카 재배 농민과 원주민 조직들이 도로를 봉쇄하고 저항했다. 이 투쟁이 이번에는 엘알토 같은 노동계급 지구 주민들에게 새로운 투지를 불러일으키고 그동안 지지부진했던 볼리비아노총COB에 활력을 불어넣어 새로운 지도자들을 선출하게 했다.

대통령 로사다의 신자유주의 정부가 국가의 유일한 자산인 최근 발견된 천연가스 유전을 다국적기업에 팔아넘기려 한다는 소식이 알려지자 2003년 10월 소요가 시작됐다. 간헐적인 시위는 라파스를 향해 행진하던 시위대에 경찰이 발포하자, 갑자기 대중 파업으로 번지고 정부와 정면충돌이 시작됐다. 바로 그때 엘알토는 운동의 중심지가 됐다. 또한 그때 광원들은 수도 라파스에서 열린 대중 집회에 참여하려고 다이너마이트를 손에 쥐고 행진하면서 자신들의 오랜 전통과 전투성을 새삼 깨달았다.

10월 항쟁으로 대통령 로사다는 헬리콥터를 타고 볼리비아에서 달아났다(그는 라틴아메리카에서 3년 동안 이렇게 도망친 세 번째 대통령이다). 그러나 누구를 후임으로 할 것인지 결정하기 위해 라파스와 엘알토에 모인 수십 만의 시위대에게는 의식도 조직도 없었다. 부통령이었던 메사가 대통령직을 차지했고, 시위대는 위대한 승리를 거뒀다고 믿고서 흩어졌지만, 신자유주의 정책들은 이전과 마찬가지로 지속됐다. 다음 날 볼리비아노총 확대 회의에서 많은 대의원들은 노동자·농민의 정부라는 방안을 제기하지 못한 것을 안타까워했다.

혁명적 격변에서 흔히 그렇듯이 첫 번째 항쟁이 성공한 후에 위태로운 안정의 시기가 뒤따랐다. 새 정부는 100년도 더 전에 볼리비아의 해안 지역을 병합해서 볼리비아가 바다로 진출할 수 없게 막아 버린 칠레를 향해 대중의 분노를 돌리려고 민족주의적 선동을 부추겼다. 메사는 천연가스 쟁점을 국민투표에 붙이고 문구를 교묘하게 조작해서 가까스로 다수의 찬성표를 얻어낼 수 있었다. 새로운 대중 동원 노력들이 벌어졌지만 10월 항쟁을 재현할 만큼 열기가 높지는 않은 듯했다.

2003년 10월 이후 교착상태에 빠진 중요한 요인은, 과거의 혁명적 격변에서도 그랬듯이 10월 이전 국면에서 운동이 전진하는 데 기여한 정치적 리더들과 조직들이 이제 더는 그러한 구실을 하지 않았기 때문이다. 농민노동조합의 펠리페 키스페 같은 원주민 지도자들은 제도권 정치를 지배하는 스페인어 사용 백인 엘리트에 대한 원주민의 불만을 표출하는 데서 중요한 구실을 했다. 그러나 이들은 과거 메스티소(스페인어를 사용하는 혼혈 인종)의 차별 대우에 대한 정당한 불만 때문에 공동의 적에 맞서는 투쟁에서 대중의 일부인 메스티소와 함께하지 않았다.

에보 모랄레스와 MAS(사회주의운동당)는 원주민들의 분노가 표출되는 또 다른 통로였다. 이들은 볼리비아의 인종적 구성을 반영하는 정치 제도를 마련하고자 제헌의회를 요구했다. 그러나 2002년 대선 때 모랄레스가 받은 엄청난 지지표에 현혹된 그들은 허약한 메사를 권좌에 그대로 앉혀 두는 전략을 추구했다. 그러면 2007년 대선에서 모랄레스가 헌법적 수단으로 메사를 승계할 기회를 얻을 수 있을 것이라고 생각해서 메사가 추진한 천연가스 국유화 국민투표에서 '찬성'을 촉구했다.

볼리비아노총의 지도자들은 더 좌파적인 태도를 취했는데, 가스 국유화 국민투표를 거부하면서 대중에게 투표에 기권하거나 투표용지를 훼손하라고 촉구했다. 그러나 이들은 여전히 옛 노동계급의 전통에서 벗어나지 못했고, 새로운 민주적 정치 체제의 일부로 인정해 달라는 원주민들의 요구를 일탈로 치부하는 바람에 새로이 급진화한 원주민 세력에게 거의 영향을 미치지 못했다. 그 결과, 메사는 21개월 동안 대통령직을 유지했을 뿐 아니라 재임 기간 거의 내내 2003년 10월 항쟁 때 거리에 나섰던 사람들의 지지도 어느 정도 받을 수 있었다.

그러나 대중운동이 교착상태에 빠졌다고 해서 사정이 변함없이 그대로 유지되기만 한 것은 아니다. 구체제 지지자들은 이제 두려움을 잊고 자신들의 신성한 지배권에 대한 확신을 재천명하기 시작했다. 천연가스와 석유에서 나오는 이윤을 대부분 개인들에게 넘겨주는 법안을 제출하면서 메사 정부는 쫓겨난 로사다 정부를 점차 닮아 갔다. 석유와 천연가스가 매장된 산타크루스 시를 중심으로 한 동부 저지대의 자본가들은 석유 수익을 자신들의 목적과 다르게 쓰려고 한다면, 동부 지역의 분리 독립을 선언하겠다고 으름장을 놓았다. 그 자본가들은 미국의 지지뿐 아니라 브라질과 아르헨티나의 이른바 좌파 정부의 지지도 받았다. 브라질·아르헨티나의 석유기업들이 볼리비아의 석유 자원에서 이윤을 뽑아내던 셸이나 BP와 한통속이었기 때문이다.

이런 상황 때문에 2005년 6월 도시와 지방에서 대중의 분노가 폭발했다. 대중은 국부를 이용해 빈곤을 끝장낼 기회가 날아가는 것을 보았다. 대중은 21개월 전처럼 나라 전체를 마비시키고 대통령궁과 의회를 포위했다.

지배계급은 꼼짝도 할 수 없었다. 메사는 대중운동과 산타크루스의 분리주의자들 사이에서 줄타기를 하면서 버티려 했다. 메사는 모랄레스와 그 지지자들을 만족시키려고 헌법을 다시 제정할 제헌의회를 약속했고, 산타크루스의 석유 자본가들을 달래려고 자치권에 대한 국민투표를 약속했다. 콘돌리자 라이스[당시 미 국무장관]는 메사 지지를 공언했고 모랄레스도 메사 퇴진에 반대했다. 그러나 거리의 운동은 어느 때보다 더 급진적이고 강력했다. 천연가스에서 나오는 이윤이 외국인에게 흘러 들어가는 것에 반대하는 민족주의적 언어는 이제 노동자, 농민, 도시 빈민의 이익을 위해 천연가스를 국유화하라는 계급적 요구가 됐다.

메사를 더는 보호할 수 없음이 분명해지자, 의회는 대중의 포위를 벗어나고 신자유주의 주류 세력이 원하는 대로 사태가 해결되기를 희망하면서 라파스에서 수크레[볼리비아 중남부에 있는 헌법상의 수도]로 도주했다. 그들은 산타크루스 올리가키의 대표로서 헌법에 따른 메사 승계권자인 바카 디에스에게 잠시나마 희망을 걸었다. 그러나 사태를 되돌리기에는 너무 늦었다. 그들은 노동자들이 전국의 교통수단을 모두 마비시키자 수크레에서도 포위당했다. 의회는 바카 디에스를 건너뛰어 대법원장인 에두아르도 로드리게스를 대통령 선거 때까지 6개월간의 임시 대통령으로 임명했다.

그 사이에 가톨릭 고위층은 '극단주의'의 위험을 경고하면서 '휴전'을 촉구하고, 브라질과 아르헨티나 정부는 압력을 넣고, 미국 대사는 타협을 승인했다. 에보 모랄레스 역시 분주한 협상을 통해 대선과 제헌의회를 보장받고 나서 타협에 찬성했다. 부에노스아이레스의 유력 일간지 〈클라린Clarin〉은 우고 차베스가 모랄레스를 휴대전화로 설득한 것이 결정적이었다고 보도했다. 이것은 3주 동안 식료품의 도시 유입이 도로 봉쇄로 차단돼 식품 부족에 시달리고 투쟁으로 지친 대다수 파업 노동자에게 시위를 중단하고 일터로 복귀하라는 신호를 보내기에 충분했다.

볼리비아의 상황은 이 책에서 강조한 점들을 모두 보여 준다. 자본주의 세계화는 대중의 삶을 망가뜨리고 흔히 처음에는 대중의 사기를 저하시키지만 나중에는 반격하는 것 말고는 선택의 여지가 없는 상황으로 몰아간다. 자본주의는 피착취 계급 없이는 존재할 수 없다는 바로 그 이유 때문에, 기존 노동계급의 다수가 무력해지자마자 투쟁의 잠재력을 지닌 새로운 노동계급이 등장한다. 또 볼리비아는 성공적인 투쟁이 어떻게 일부 사람들에게 갑자기 영감을 주고 그에 따라 한동안 잊고 있었던 연대와 항쟁의 전통이 부활하는지도 보여 준다. 이와 함께 사람들끼리 서로 대하는 태도와 국가를 대하는 태도가 변하기 시작하면서 대중은 혁명이 일어나면 노동계급이 지배계급이 되고 대중 스스로 삶을 통제하는 것도 가능하다는 생각을 할 수 있게 된다.

그러나 볼리비아는 이런 것들만으로는 대중이 원하는 변화를 가져오기에 부족하다는 것도 보여 준다. 운동은 기성 사회의 권력 구조를 마비시켰다. 그러나 결코 독자적 대안을 제시하지는 못했다. 그러한 대안이 없다 보니 심지어 운동의 지지자들에게 음식을 제공하는 문제마저 해결할 수 없었다. 이에 대해 코차밤바의 투쟁조정위원회는 이렇게 말했다.

우리는 5~6월 투쟁에서 두 가지를 볼 수 있었다. 한편으로, 사회운동의 거대한 힘으로 온 나라를 마비시키고 나쁜 정부와 대기업의 수작에 대처할 수 있다는 것이다. 다른 한편으로, 지배자들이 유례없는 최악의 위기에 직면했는데도 우리는 그 나쁜 정부에 우리의 결정과 목표를 강제하지 못했다는 것이다.

6월 위기 때 누가 사회의 권력을 쥐고 있는지가 불확실한 순간이 있었다. 그런 상황에서는 노동자·농민 운동이 권력을 장악할 수 있었다 없었다를 결코 장담할 수 없다. 그렇게 잠재적인 혁명적 상황에서는 군대와 경찰의 규율이 얼마나 확고한지는 오직 실천으로 검증해 봐야 알 수 있다(전투에 참여해 봐야 눈으로 확인할 수 있는 법이다). 그러나 볼리비아에서는 그러한 결정적 전투가 벌어지지 않았다.

볼리비아는 잠재적으로 혁명적인 상황이었다. 지배계급은 분열했다. 노동계급, 농민, 도시 빈민, 심지어 자영업자인 거리의 행상들 다수도 변화는 불가피하다고 느꼈다. 군대 일부가 동요하는 징후도 있었다. 그러나 혁명적 잠재력을 현실의 힘으로 만드는 데 필요한 두 가지가 없었다. 낡은 국가에 맞서 모든 대중을 하나의 유기체처럼 단결시킬 노동자 평의회를 비롯한 혁명적 민주주의 대중 조직이 없었다. 또 코차밤바의 첫 승리 이후 등장한 다양한 투쟁 전선에서 싸우는 가장 단호하고 전투적인 활동가들이 집결한, 조직된 혁명가들의 네트워크, 즉 당이 없었다.

6월 투쟁의 막바지에 일부 활동가들은 아래로부터 조직을 건설하는 것을 고려하기 시작했다. 이 조직은 민주적인 자기 조직화의 출발이 될 수도 있었다. 엘알토에서는 '민중혁명의회Popular

Revolutionary Assembly'가 도시를 통제하고 방어하고 식량을 공급해야 한다는 발의가 있었다. 코차밤바에서는 조정위원회가 "우리의 독자적인 자치 정부 형태를 서서히 수립하는" 방안을 논의해야 한다는 결론을 내렸다. 그러나 이런 발의는 너무 늦었고 그 추진력도 너무 미약해서 6월 사태의 결과에 영향을 미칠 수 없었다. 사람들은 엘알토의 코뮌에 대해 이야기했지만 그것은 결코 현실이 되지 못했다.

볼리비아의 투쟁은 결코 끝나지 않았다. 2005년 6월의 거의 혁명적 사건 덕분에 에보 모랄레스는 그해 12월 진보적 개혁 강령을 내걸고 손쉽게 대통령이 될 수 있었다. 그러나 자본주의는 노동자, 농민, 원주민들의 각성된 기대를 충족시킬 수 없다. 심지어 제한적 개혁조차 산타크루스의 부자들을 자극해서, 이들이 무장조직을 만들고 나라를 둘로 쪼개겠다고 위협하게 만들었다.

앞으로 볼리비아에서 무슨 일이 벌어질지는 두고 봐야 한다. 그러나 볼리비아 사태에서 정말 중요한 것은 이런 일이 비교적 작은 나라에 국한되지 않는다는 점이다. 세계 자본주의의 특징인 끝없는 불확실성으로 말미암아 잠재적으로 혁명적인 저항이 거듭거듭 나타난다는 사실을 볼리비아가 보여 줬다는 점이 중요하다. 그와 같은 저항 정신을 베네수엘라에서도 볼 수 있다. 볼리비아에서처럼 대중의 필요를 충족시켜 주겠다고 약속한 정부가 여전히 불평등이 엄청나고 사적 부가 거대하게 집중된 자본주의 사회를 통치하고 있다. 그러나 "혁명"과 "21세기 사회주의"를 표방하는 정부를 지지하는 대규모 시위에서 드러나는 아래로부터의 변화 욕구가 분출하면서 계급 간 균열을 낳았다. 이런 상황은 미래의 어느 시점에 노동자와 피억압 대중의 민주주의에 바탕을 둔 새로운 국가가 탄생하든가 아니면 낡은 체제가 되살아나든가 둘 중 하나로 귀결될 것이다.

저항은 볼리비아와 베네수엘라, 심지어 라틴아메리카에만 국한되지 않는다. 저항은 모든 대륙에서 나타나기 시작했다. 그도 그럴 것이, 세계화로 말미암아 세계적 경제 위기, 세계적 전쟁 몰이, 세계적 환경 파괴가 나타나고 그 여파로 모든 사회 격변이 일어날 것이기 때문이다. 유럽과 북미의 지배자들은 자국 노동자들에게 중국과 인도의 노동자들과 경쟁하려면 임금을 낮추고, 노동시간을 늘리고, 노동조건의 악화를 감수하는 수밖에 없다고 협박한다. 이 모든 것은 자본주의 체제의 가난한 나라에서뿐 아니라 가장 선진적인 나라에서도 격렬한 계급 전투가 벌어질 것임을 예고한다.

그렇다고 해서 어디서든 사회주의 혁명이 성공할 것이라는 말은 아니다. 기성 체제를 옹호하는 사람들은 막대한 돈을 무기에 쏟아붓는다. 이들은 경찰과 보안경찰을 거느리고 있고, 공범들에게 뇌물을 건네고, 추잡한 황색 언론을 이용하고, 분열 지배하는 데 노련하고, 피억압자들의 참을성에 의존할 수 있다. 유전

지대를 확실히 통제하려고 수만 명쯤 죽이는 것도 대수롭지 않게 여기는 자들은 자신의 부와 권력을 지키기 위해서라면 무슨 짓도 마다하지 않을 것이다. 그러나 그들은 공장, 농장, 광산, 사무실, 철도망, 트럭 차고, 창고, 발전소에서 그들을 위해 일하는 40억~50억의 사람들, 바로 우리 자신에게 의존하지 않고는 살아갈 수 없다. 노동계급이 없으면 그들은 아무것도 아니다. 그리고 자본주의 체제는 노동계급에게 확실하고 안정된 삶을 보장할 수 없기 때문에, 20세기와 마찬가지로 21세기에도 저항은 거듭거듭 타오를 것이다. 문제는 21세기에 혁명이 일어날 것이냐가 아니라 혁명이 어디로 나아갈 것이냐다. 지난 세기에 흔히 그랬듯이 대중이 지배자들의 거짓말과 속임수에 넘어가서 혁명이 쓰러질 것인가? 아니면 최근 몇 년간 분출한 새로운 운동이 체제의 해악과 체제 전복 가능성을 더 잘 이해할 수 있는 피억압·피착취 대중을 혁명적 조직으로 단결시키는 임무를 완수할 것인가?